各方推介

「愈來愈多基督徒醒悟到非基督徒需要的不是（一）推銷大計，（二）辯論，（三）講道或（四）資料庫，而是需要有愛心的、關心人的對談伙伴。若你想成為別人的對談伙伴，《佈道日常：小組研習 12 課》是一個最好的起點。」

麥拉倫（Brian McLaren），《新品種的基督徒》作者

「一個世代前，彼得．柏格（Peter Berger）的名著《知識社會學——社會實體的建構》（*Social Construction of Reality*）已告訴我們，人人都被社化而獲得某套世界觀；而在一個多元社會——有多套世界觀並存的社會，最能夠讓人跳出自己的世界觀，涉足其他看法的介入方式，是與持另一套不同世界觀的人對談。如今終於有一本書，教導浸淫在這現實中的基督徒如何處身其中了。」

喬治．亨特（George G. Hunter），
亞斯伯里神學院（Asbury Theological Seminary）
普世宣教學院教授

「《佈道日常：小組研習 12 課》勉勵我們重拾那失落了的實踐，『在日常生活中談論上帝』。皮斯是個有魅力的學術思想家，擅於把這『嚇人』的題目轉化為人人都能明白的語言和經驗。我們教會正需這樣的一本書，世人也正期待這樣的『佈道對談』。」

大衛．舍恩（David Schoen），
堂會事工使團（Local Church Ministries）佈道主任

「皮斯糅合他豐富的經驗與學識，談及我們可以如何在二十一世紀傳揚耶穌基督，對教會助益良多。身為牧師，我向他衷心致謝。相信這本書在往後日子將會廣被小組使用。」

彼特．史卡斯路（Pete Scazzero），
《建立高EQ的教會》作者

「皮斯的最新力作是本佳作！皮斯博士身為實踐神學及佈道學教授多年，經驗豐富，又專研小組團體動力學，致力探究人際溝通技巧；他寫下這實用的研習指引，幫助基督徒與非基督徒以自在簡單、彼此獲益且豐富多采的方式談論福音。」

理察．岩士康（Richard Stoll Armstrong），
普林斯頓神學院（Princeton Theological Seminary）
榮譽佈道學教授

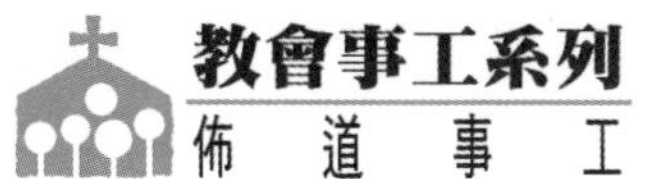

佈道日常

小組研習12課

理查・皮斯 著
黃人業 譯

二版

在生活中傳福音談信仰

▼

教會事工系列 · 佈道事工

佈道日常：小組研習 12 課

在生活中傳福音談信仰

Holy Conversation

Talking about God in Everyday Life

作者

理查 · 皮斯 Richard Peace

譯者

黃大業

責任編輯

陸志豪、羅慧琪

裝幀設計

奇文雲海 · 設計顧問

■

出版／發行

基道出版社

香港沙田火炭坳背灣街 26 號富騰工業中心 10 樓 1011 室

LOGOS PUBLISHERS

Unit 1011, 10/F, Fo Tan Ind. Centre, 26 Au Pui Wan St., Shatin, Hong Kong

電話：(852) 2687-0331 傳真：(852) 2687-0281

網址：https://www.logos.com.hk

承印

雅聯印刷有限公司

●

4/2010 初版 5/2019 二版

Cat. No. LP371-2A

ISBN: 978-962-457-397-8

Originally published by InterVarsity Press

as *Holy Conversation* by Richard Peace

本書初版名為《佈道對談——在日常生活中談論上帝》

刷次	11	10	9	8	7	6	5	4	3	2
年份	2033	2032	2031	2030	2029	2028	2027	2026	2025	2024

目錄

研習指引一覽

1. 這本書講甚麼？

學習以自然、自在、對談的方式與人談論福音。

2. 這為甚麼重要？

我們個人所作的福音見證已漸次公式化，成了一種咄咄逼人、挑啟事端的獨白，然而它的真正意義是與家人、朋友、同事的持續對談。我們必須重新學習怎樣與人談論信仰。

3. 如何進行這趟學習體驗？

以五至十三人組成小組，每週聚會一次。每次聚會探討福音的某個主題，並考究如何談論它。

4. 小組聚會時做些甚麼？

每週聚會有兩個信息環節，其一是用作說明主題的故事，其二是用作闡釋該主題的材料；此外，有兩個論討和分享的環節。在小組對談之時，這些環節能互相補充，彼此印證。

5. 除了小組聚會就沒有其他東西？

不，這學習體驗的最重要部分，是與教會以外的一個對談伙伴保持聯繫，你要定期與他談論你的學習心得。如果你放開心懷，這部分可以很有趣味，成為整個經驗裏最好的部分。

6. 除了小組聚會，還有甚麼可以幫助我成為更好的基督信仰對談者？

每課後都有一個「資源」環節，提供一些額外資料。此外每星期有研習功課，幫助你加深了解。

7. 這聽起來很花時間。

其實不是。你每週有一次小組聚會，每課的材料不用十分鐘就可讀畢。你與對談伙伴討論的時間，不過是你平常週間與他／她交談的時間——至於研習功課和資源材料，則視乎你可以花多少時間——話雖如此，要學習新事物當然要花點時間，不過這是值得的。

8. 每次小組聚會需時多久？

很難說，可以少至四十五分鐘，或多至九十分鐘。

9. 整個課程有多少課？

共有十二課，最好每週都使用，用十二個星期去完成，但其他方式也是可行的，譬如每週聚會一次，每次做兩課；或用一個週末的退修會做首六課，再連續六週每週一課。你可以自行擬訂課程進度。

10. 若無法以小組形式使用這課程，該怎麼辦？

你可以自行研讀這些材料。細讀每一課，把問題的答案記在筆記本中。最要緊是有個對談伙伴，可以與你實踐所學的。

11. 若找不到未信主的對談伙伴，該怎麼辦？可以在教會找一個嗎？

可以。重點是有人每週與你討論這些材料。課程的目標是學習與尋道者談論信仰，所以你要致力擴闊你的交友圈子，尋找新的對談伙伴。

序言

寫作本書，緣起自一篇雜誌文章。信義宗期刊《道與世》(*Word & World*)編輯弗烈．蓋澤(Frederick Gaiser)邀請我寫一篇文章，以配合二〇〇二年夏季的專題「歸信？對談？」。我答應了他，因為我已有一段日子想深究基督徒作見證的藝術變為了甚麼。我的想法，是基督徒作見證已被簡約化、系統化，成為三部曲，包括：(一)你歸信的故事(需在三分鐘內講完)；(二)上帝的拯救計劃；(三)勸服對方即時接受基督。

我對這種見證方式大有保留。對我來說，原本是基督徒引以為傲的信仰對談藝術，似乎已淪為一種用電話推銷耶穌的活動！再者，這方法在我們的文化中已不再奏效。他們早已識破我們，察覺我們在推銷信仰，而拒絕接受。

我因此寫了那篇文章，付梓刊出。我對自己寫的頗為滿意。我在文章中號召教會重新學習與人談論信仰的藝術。[1]就我個人而言，我已做了一個實踐神學教授應做的事。就我視為攔阻佈道事工的一大問題，我已向教會提出了質疑。

問題是，只有很少牧者會看那篇文章(這是我的假設)。

他們有何看法，我也無從得知。但可以肯定的，是教會裏不曾出現新運動，讓平信徒學習佈道對談（holy conversation）的藝術，與朋友及同事開展持續不斷、改變生命的對談。

我的良心備受譴責。也許我應該多作嘗試，而不是僅僅寫一篇學術文章。也許我應該編寫一套小組研讀指引（我曾寫作並出版好幾套小組材料）。我做事工勝過搞學術研究。畢竟我在當教授之前，參與佈道事工已有多年。

職場使團（Marketplace Community）將寫作這樣一套指引的機會帶到我面前。我曾任占・路德（Jim Luther）和大衛・英格里斯亞（David Ingrassia）的顧問，他們極具創意，並感到上帝呼召他們服事商界。我幫他們預備訓練材料，當中包含了其後成為《佈道日常：小組研習 12 課——在日常生活中傳福音談信仰》初稿的材料。職場使團最終無法成形，占和大衛投身其他有收穫的事工，而我則得到這本書的核心材料。

我很感謝職場使團的小組成員對這材料所回饋的各種意見，尤其是占和大衛的意見；他們堅持小組經驗是由生活去到真理，而不是反過來像一般情況那樣。我在富勒神學院（Fuller Theological Seminary）佈道藝術課程的學生看過這材料的最初版本，給了我有用的洞見。在二○○四年八月五至七日於亞特蘭大（Atlanta）舉行的聯合基督教會（UCC）全國佈道大會「上帝仍在說話，都是關乎佈道事工」上，我有機會發表佈道對談的概念，得到不俗的反應，尤其是聯合基督教會佈道事工的牧者及團隊隊長大衛．舍恩（David Schoen）的反饋。

我也要感謝麻省聯合基督教會（Massachusetts Conference of the UCC）助理佈道、差傳、社關主任保羅．力克臣牧師（Rev. Paul Nickerson），讓我可以在麻省的不同工場中試用這材料。

我在神學院教授佈道學於今已近三十載，多年來叫我難以置信的，是一些非常聰穎又委身的神學生，竟然都難以超越「拯救計劃」的套路而未能與人以對談的方式討論福音。他們當然都能夠活用神學概念去闡明福音，卻總是不曉得在一般談話裏以日常用語與人談論這些事。我認為錯不在他們，而在我們的教會。我們羣體中根本就很少談論福音。我們假設教會中人人都知道福音是甚麼，大家都相信福音，委身於福音。

去年我在自己的教會教了一班成人主日學，題為「傳福音究竟是甚麼？」。我教會隸屬麻省聯合基督教會，佈道向來不是我們宗派的重點事工，直到幾年前才有所改變。[2] 在其中一課，我向學員講解佈道對談的概念，有一個男學員恍然大悟，說：「這正是我們的問題——我們根本不談論福音！如果在教會裏都沒有這樣的對談，試問在其他地方又怎會有呢？」我們繼續討論下去，發現教會沒有佈道對談，不是因為對福音欠缺興趣或委身，而不過是因為佈道對談根本不在我們的計劃之中——我們要做的事，就是把它重新納入計劃之中。

在基督徒羣體裏辯論、反省、理解、分析福音，是我們的當務之急。在過去十年，我們開始醒察（其實是記起）佈道根本就應該是羣體的事，而非個體的事。我們開始醒察：我們必須邀請尋道者、陌生人、慕道者及其他人進到我們這個彼此相交、敬拜上帝、彼此服事的羣體中。好客是佈道之鑰。外人與我們交往，參加我們的活動和事工，就會慢慢明白福音是甚麼。他們在羣體中發現教會是怎麼回事，我們委身的本質是甚麼，跟從耶穌是甚麼意思。「先歸屬，後歸信」，是今日佈道事工的新指標。

起碼理論上是這樣。如果人家加入了我們，但在主日崇拜禮儀以外，我們從不談論我們委身的內容，這會有甚麼後果？如果我們不談論這些事，或怯於談論那維繫我們的要素，他們又怎可以明白我們？如果我們不懂得以日常用語在一般對談裏表達，人家又怎會認識基督教信仰？

我認為對二十一世紀的教會來說，學習開展佈道對談，斷不是次要的閒事，而是重點挑戰。我盼望這書可以幫助信徒回應這需要。

理查．皮斯（Richard Peace）

註釋

1. 那篇文章亦已收於本書頁 175 至 188，題為：〈佈道對談——失落了的作見證藝術〉。
2. 上述聯合基督教會的「上帝仍在説話」佈道大會在二〇〇四年舉行。

引言

我們身處人類歷史上一個奇特的時刻。多年來宗教（包括基督教）只站在文化的邊緣位置，世人都不大感興趣。可是自一九九〇年代開始，風向轉了，對靈性的探求忽然成為時興，而這興趣至今不衰。

教人們可以從而得知這股新興熱潮的，是一九九〇年代的天使熱。不論左顧或右盼，總有一個天使在附近。以電影和電視為例，一九九六年丹素．華盛頓（Denzel Washington）在電影《天空下的奇蹟》（*The Preacher's Wife*；台譯《天使保鑣》）中飾演天使（這角色選得好）。同年，尊．特拉華達（John Travolta）在電影《天使咪搞》（*Michael*；台譯《天使不設防》）中也飾演天使（尊．特拉華達飾演天使？）。《天使觸動》（*Touched by an Angel*）則為一齣黃金時段電視劇集，不但受歡迎，而且認真描寫上帝（雖然耶穌只許在最後幾集客串一下）。大多數美國人聲稱相信天使存在。

這股靈性狂熱可謂無處不在：在流行樂壇（有一九九五年由鍾．奧絲本〔Joan Osbourne〕主唱的《若上帝是我們當中一人》〔"If God Was One of Us"〕，還有二〇〇〇年卡路斯．桑坦拿〔Carlos Santana〕的全年最佳大碟《超自然》〔*Supernatural*〕。），[1] 在書籍裏（一九九五年在美國出版的靈性書籍項目首度超越商業書籍。），在政界（大家還記得二〇〇四年美國總統大選嗎？）。此外，靈性退修中心常有人滿之患，靈性操練大行其道。人人都相信上帝（其實不是每個人，按蓋洛普〔Gallup〕調查所得，大概是九成半人吧！）。**北美的人熱切地尋找上帝**。

導火線是甚麼？我個人認為，是一連串一九九〇年代的因素。嬰兒潮一代（共有七千九百萬人）開始步入中年。所謂中年危機，其中一個特徵就是開始思索關乎意義、目標、死亡、上帝等問題。這是一個檢視自己靈性的人生階段。在同一時期 X 世代人步入成年期。他們背負著破碎的童年、失落的盼望、被剝奪權利的感受，驅使他們對靈性產生好奇心。[2] 但最重要的，是北美（似乎渾然不覺地）已從重視秩序與個人自主的現代世界觀，步入了喪失宏大敘事（metanarratives）及向神祕事物開放的後現代世界觀。這是一個對生命的嶄新觀察方式，而在相關的對談中，上帝不會給排除在外。

我的朋友巴利．泰勒（Barry Taylor）告訴我，一九九九年他去看電影《第三奇迹》（*The Third Miracle*；由艾．哈里斯〔Ed Harris〕與安．可芝〔Anne Heche〕主演）試映場的經歷。他是影片的音樂總監，也是片中幾首歌的作曲者。（他也是個牧者。)試映場的目的是測試觀眾反應,讓電影監製作出最後修改並擬定接下來的市場策劃方案。影片結束後,他們收集觀眾對影片的反應,可是觀眾沒有興趣談論影片細節,卻大有興趣談論上帝——影片所引發的話題。電影公司的人出盡法寶想回到影片的討論去,卻只聽到觀眾熱烈地談論上帝的事情。觀眾是普羅大眾,不是信眾,卻對靈性的事十分著迷。

我想説明甚麼?不過是:我投身佈道事奉這四十年中,從未見過如此願意談論福音的環境。**世人有興趣談論上帝。我們要加入那對談。**

談論靈性

但我們要加入那對談,必須先要有話題——這是難關所在。基督徒裏的中堅分子,似乎很少是好的對談伙伴——尤其話題是關於上帝的時候!為甚麼?因為我們向來給人的,是滿口敬虔的陳腔濫調或已設計好的佈道程式。我們給人的印象,彷彿是要説服別人相信我們認識上帝的真理——他們最好乖乖聽信,接受我們的指示。這**不是**對談,這是獨白——甚至是意識形態上的獨白,不容許一般對談的交流。我們是推銷貨品(耶穌),而不是探究上帝。我們早已心存目標(要對方歸信),所以在對談中很多時給人的印象是不夠真誠,或不夠坦白。我們沒有好好聆聽對方的話,只忙於達成所預設的目標。

這樣的指責是否太苛刻了？也許吧。此外，我可能把一幅誇大了的圖畫再誇大了。但無論如何，這幅圖畫足以提醒我們：是時候停止了，並要重新思考為基督作見證的藝術是怎麼回事。我們是否囿於一套作見證的程式中？

這問題還有另一面。上述的不過是來自重視作見證和傳福音的基督教傳統的人的情況。我們中間那些來自少談自己信仰的主流傳統的基督徒又如何？我們面對的是另一個問題。我們好像羞於談論自己的信仰，似乎這題目不適宜公開討論。所以我們只求多行善事。我們投入許多慈善事業，卻極少公開表明自己的信仰，好像害怕別人會被冒犯。難怪所謂的主流教會年復一年地萎縮了。主流教會的人，在作見證的事上，很清楚自己**不想**做甚麼，就是不想效法基要派信徒那樣強拉人去聽福音。但是，他們究竟想做甚麼，卻不那麼清楚了——除了想更多人到教會去，參與耶穌呼召我們去做的事工。

上述情況開始轉變了。主流教會開始重視佈道事工。美國聖公會（Episcopal Church）將二十世紀九十年代定為「佈道十年」。美國長老會（Presbyterian Church）的網站「佈道與見證」提供外展的資源，譬如題為「忠實見證」的材料。[3] 美國聯合基督教會（United Church of Christ）舉辦了題為「上帝仍在說話」的活動，包括傳福音外展訓練，並以一系列非常有力的電視廣告短片為主打的全國性福音廣播佈道運動。此外，來自八個主流宗派的教會合辦了一個網站，以佈道為宏旨。[4]

佈道對談訓練課程

不論福音派或主流派的基督徒，都同樣需要進入我們身處的文化裏，學習與人談論基督信仰。這正是**佈道對談**的目的：一個務求達成這目標的訓練課程。

我所倡議的，是美好的、充滿活力的、關乎上帝這個重大題目的對談，而對談雙方都是積極投入的。要達成這目標，我們這些忠信的基督徒必須學習談論信仰的方法，能夠突破精心構思的傳福音方程式，進入福音的核心，而又不失福音的奧祕、奇妙、盼望、清晰。

我的建議是：要成為上述的對談者，必須認真考究福音的核心概念。我們要深究耶穌的福音，並能夠以輕鬆自在的方式與人談論，而毋須訴諸神學術語。我們也要體驗福音。雖然明白是很重要，但單單明白是不夠的，我們還要與福音信息所指示的實在相遇。

小組。我們需要與人接觸，才可以成為上述的對談者。這本書是給小組的指南。惟有聚集一起討論這些事情，我們才會愈來愈清楚明白。小組是考究福音的理想地方，大家的討論、思考、提問、笑聲、洞見、經驗，都是對談的一部分，也是學習新事物的最佳環境。

對談伙伴。對談不能只限於小組內。佈道對談的精義在於邀請教會以外的人參與，因此「對談伙伴」的整個概念很重要，可以說是這個十二週課程的關鍵。我們惟有與未信福音的人談論我們所學習的，才會明白福音。

這課程當然也是傳福音的行動，只是與傳統做法有別而已。在這課程裏，你會邀請一個或幾個朋友作你的對談伙伴，並對他們坦白，讓他們清楚知道你的要求。你所揀選的對談伙伴需要知道你參加了一個為期十二週的小組訓練課程，這課程的目的是學習「佈道對談」，就是學習與人談論你的基督教信仰。你需要他們的幫助，因為你的目標是要成為合適的對談者，與尚未跟從耶穌的人對談——他們的幫忙非常重要。而且對你來說，這不是一個可有可無的練習——你是認真地相信課程中所提及的內容（起碼你正認真考究自己所信的），也希望別人發現耶穌的實在。如果你的對談伙伴在這期間對耶穌產生興趣，你當然不會不高興！儘管如此，你的重點是想找個對談伙伴，與你定期討論福音的各方面內容。

基督徒羣體。小組應該是一個縮影，反映了背後更大的羣體：教會、團契、事工、家庭教會（house church）或類似組織。朋友間的對談不過是個起步，我們務要把這對談延伸到一個更大的基督徒羣體裏。我們於一個實實在在的基督徒羣體的獨特性裏學習、表達、體驗福音的真實。說到底，基督徒羣體就是福音的載體。

當然，對談的目的是對方接觸福音，能遇見活生生的耶穌。我們盼望對談伙伴遇見耶穌，經歷改變。我們也盼望自己重新遇見耶穌，經歷改變。真正的對談，可以為對談雙方的生命帶來改變。

佈道與歸信

參與這樣的訓練課程，是想做好佈道事工，如此問題來了。**佈道**與**見證**，這兩個詞語似乎都給人不好的印象。話得說回頭，雖然一些所謂佈道事工真是問題多多，但**佈道**一詞本身沒有問題，而且來自新約聖經，乃是形容一個教會（及一直）蒙召去做的真正的事工。

佈道的問題可分幾方面講。純粹從實際考慮，傳統的佈道方法似乎已是沒有甚麼果效。何況，實在太少人擅於佈道了，與人談論基督教信仰，大多數人只在笨拙地應對，根本搔不著癢處。也有人從神學原因出發去反對佈道：如果上帝愛每一個人，還有需要佈道嗎？

論到佈道的動機，不在本書的討論範圍，但如果問我為甚麼要佈道，我的答案乃從實際出發：**歸信基督，使人生命大有改變。**

說到底，佈道是為了使人歸信耶穌。佈道是為了讓人知道耶穌究竟是誰，也讓我們發現自己是誰。佈道是關乎立志離棄具破壞性、不滿足的生活，轉為跟從耶穌，追求生命完全。這個轉向和跟從耶穌的經驗，我們稱為**歸信**（conversion）。

人如何歸信？通常是一步步的，除非上帝賜下一個奧妙的經驗，讓人跳過許多步驟，直接進到上帝面前（正如使徒保羅的經歷）。不過這種歸信是例外而不是通則。歸信一般是一步步的，譬如每次對談後，對談伙伴又走近了上帝一些，直到一切豁然開朗，可以打從心底願意歸信耶穌。

但我們常常以為歸信是突然而然的，所以我們以為只要向人宣告真理，對方就會高呼：「感謝你啊！我也想做基督徒啊！」有時的確會有這樣的情況，但通常對方需要花時間去「消化」。可能是這裏聽一些信息，那裏作一些思考，看一篇文章，再對談，再與其他人討論。漸漸一切都明白了——不僅是頭腦上的明白，而是在內心深處也出現了變化。「耶穌」二字逐漸有了新的意義——我是誰、我的掙扎、我的傷痛，原來都與耶穌有關。耶穌也能挑旺我內心深處的渴望。有一個新的意識在我心中成形，而我願意聽從。

歸信基督，就是聽從耶穌——耶穌成了活生生的一位，祂愛我，願意赦免我內心深處需得寬恕的罪。我願意加入祂的羣體，過祂要我過的生活。我願意聽從內心深處的屬靈渴望，將它們由我生命的邊緣變成核心。佈道對談的目標，是幫助那些在歸信途上的人。

然而，我們歸信耶穌後，不等於不再需要歸信。其實首次歸信會為我們展開歸信的人生。首次歸信（Conversion）是指歸信耶穌，指引我們正確的方向。日常生活裏的歸信（conversions）是指我們不斷又不斷持續選擇走在那路上。

歸信於我們是好事。人人都聽過一些惡人歸信的故事：酒鬼脫離酒癮，清醒地做人；惡棍得到饒恕，改過自新，深入服事他人；糟透的人遇見耶穌，成為……好吧，也許沒有即時成為好人，卻起碼願意學習愛人。我曾在巴西聽過不少這類故事：原本虐打妻兒、耗盡錢財酗酒成狂的人，信耶穌後成了新造的人，學習愛護妻兒，辛勤作工，重建家庭。他們的歸信帶來社會的改變。遇見上帝是好事，我們成為更好的人，更能成就我們所為人的意義，並實現自己的理想。

因此我們要傳福音，不為甚麼，只為人遇見耶穌後生命會經歷改變。對我來說，這已足夠成為學習佈道對談的動機了。

有意義的對談／佈道對談

所謂「佈道對談」究竟是甚麼一回事？也許我們先看「有意義的對談」是甚麼一回事，以取得初步的定義。

首先，要發展「有意義的對談」，我們必須是個好的對談伙伴。通常人不會覺得基督徒是個好的對談伙伴，因為我們似乎總是要向人宣告一個「拯救計劃」，而不是與人對談。

有意義的對談，是雙方互有往還的對談。

其次，有意義的對談，會討論重要的課題。這樣的對談不一定嚴肅。即使問題真實又嚴肅，討論過程也常常是饒有趣味的。

有意義的對談不一定要有結論，或分出勝負雙方。這種對談沒有特定的答案。它可以隨時結束，隨時開始，每次持續幾個月。它所引發的問題，可能比解答了的問題更多，但正是這些問題刺激人去思考。對談雙方在討論過後，仍然會不斷地思考談論的內容。

有意義的對談可以增進友誼，而不會使人疏遠。它會把其他人也帶進來參與討論：「嗯，阿祖（Joe），你對這個有甚麼看法？」有意義的對談會不斷擴闊交談的圈子和內容。我們與人談論上帝，就自然會介紹他們認識以上帝為主要話題的羣體。

有意義的對談會改變人，令對談雙方都有所改變。佈道對談給人老套的印象，因為我們只期望對方改變。「至於我嘛，是基督徒，我認識耶穌，所以不需要改變。」這其實並不正確，因為我們都在一個屬靈旅程上，都需要成長和改變。事實上，對談雙方都會在其中經歷歸信。

最後，佈道對談是活潑、持續、友善的對談，內容是圍繞著上帝，並如何將上帝帶到生命裏以帶來生命改變。如此，這是個美妙的經驗。

如何使用《佈道日常：小組研習 12 課》小組材料？

《佈道日常：小組研習 12 課》是一個為期十二週的小組訓練課程，目的是幫助信徒成為有能力、有自信的信仰對談者。期間組員會對自己的信仰加深認識。成熟的基督徒可以學習到如何與人分享信仰，初信的基督徒也可以藉此更深了解福音的要理。

這個佈道課程超越傳統福音概述的表達方式。參與佈道對談的人，會逐步與朋友或同事開展以福音核心內容為題的討論。牢記一套福音程式，然後單向地向人宣講，這並不足夠。今日的人對靈性大感興趣，他們願意談論上帝，也會用心聽你的見解和經驗，卻不喜歡教條式表達。他們喜歡與信徒友善而誠懇地對談。

這本書提供研讀材料與經驗，盼望幫助基督徒能與人自在地談論福音的要義。整個課程分為三部分：

1. 「解決問題」是為期三週的概論，闡述佈道對談的背景：人人都在一個屬靈旅程上，他們在尋覓上帝的過程中如何聽聞福音。
2. 「談論……」是課程的主菜，共探究福音的八個主題。每次小組討論一個主題，包括：耶穌、需要、罪、悔改、認罪、相信（一般來說的）、信耶穌、委身。
3. 「總而言之」總結整個課程信息，裝備及鼓勵小組成員開展佈道對談。

小組結構

每次小組課堂包括一系列相關的材料，由「生活」到「真理」到「行動」。當中有兩個信息的環節(「故事」和「概念」)及兩個討論的環節（「生活：如何經歷？」和「真理：如何應用？」)。

生活

故事。每次小組課堂都有一個引言，用一個生活經驗去表達該課的主要意思。這通常是一個故事，表明那次佈道對談課程的主題。

有幾個使用「故事」材料的方法：

- 最佳方法是各組員先在家中閱讀，這樣可以騰出多些時間在小組來討論。
- 雖然閱讀這環節的材料只需片刻，但有的組員可能忙得沒時間預備，所以你們需用課堂的時間內閱讀材料。組長講完開場白，禱告後，大家可以花兩分鐘時間安靜去讀。
- 你可以唸出故事，需時少於四分鐘。
- 組長可以概述材料的重點，每次講一個段落；組員邊聽邊閱讀。

無論如何，重要的是幫助大家集中在題目上，與該主題聯繫起來。

第一個環節（「生活」）以幾條小組討論問題（「生活：如何經歷？」）作結。提問第一條問題去開始小組對談，給每個組員約三十秒作答（由組長開始），這樣做的目的是：

- 鼓勵每個組員參與對談。
- 讓每個組員聆聽他人的生活經驗（這樣可促進團結）。
- 讓組員一起從切身的生活經驗去思考主題。

然後問其餘兩條問題，這些問題需較長的討論，所以未必有時間完成兩條問題的討論。

確保這一節討論不要超時（其實每個環節都不可過時），否則你不夠時間完成整課。

真理

概念。此刻，我們又轉回信息的環節，有新的材料，也有一些佈道對談過程的實用指引。有時是個案研究，有時是其他資料。整個環節以每一課堂材料中的「要點」為總結。必須確保組員都明白這要點。

用前述的其中一個方法（頁 20），將這環節的信息帶進小組。

真理：如何應用？此時焦點放回組員身上，他們必須好好消化這材料。這環節的重點是觀念的應用。通常有四條問題，有時還有小組練習。討論內容儘量貼近實際生活。集中學習如何進行佈道對談。

這一節需時十五至四十分鐘，看你選了哪個時間分配表。

行動

探討。在該課結束前看看每課有甚麼家課，這是訓練組員成為真正佈道對談者的一步。

「探討」這環節要求學員把討論心得付諸行動。

行動：如何實踐？這一節把行動升級：組員要嘗試與他們的對談伙伴建立關係。

以禱告結束該課，這最後部分需時約五分鐘。

資源

這環節包括一些與課堂主題相關的附加資料，供組員在下課之後閱讀。

時間分配及小組人數

決定你們每週可相聚多久。當然愈多時間，愈多機會對談。最佳時間是每課九十分鐘，但你也可以用少至四十五分鐘上一課。

每課時間	45 分鐘	60 分鐘	90 分鐘
故事	5 分鐘	5 分鐘	5 分鐘
生活：如何經歷？	20 分鐘	25 分鐘	40 分鐘
概念	5 分鐘	5 分鐘	5 分鐘
真理：如何應用？	15 分鐘	25 分鐘	40 分鐘

你決定了課堂的時間，就要按照上述時間分配表去進行，否則不能完成整課。換言之，你可能要捨棄一些問題，也要限制回應問題的時間。

論到小組人數，研究顯示最合宜的聚會人數是五至十三人。若少於五人，可能不夠動力進行活潑對談；若多於十三人，則可能不夠時間讓各人參與。或許七個人是最佳的對談小組人數。如果參加人數太多，就再分組好了。

課堂數目

佈道對談共有十二課，所以最好完成所有十二課。但如果情況不許可，你未能應付十二週的課堂，有以下幾個選擇：

九個禮拜

1. 屬靈旅程中的人
2. 上帝同在的故事

3. 真是好消息
4. 談論耶穌
6. 談論罪
8. 談論認罪
10. 談論信耶穌
11. 談論委身
12. 佈道對談

六個禮拜

1. 屬靈旅程中的人
2. 上帝同在的故事
3. 真是好消息
4. 談論耶穌
10. 談論信耶穌
11. 談論委身

另一個選擇是每週上兩課，每課四十五分鐘，如此可在六週完成整個課程。又或可以在星期六舉辦半天的退修會，上完前三課，之後的星期上第四課，每週上一課。

沒上的課怎麼辦？請組員把它們當作家課，在家中自行研讀。

如果時間是你的問題所在，就要發揮創意。

給小組成員的話

開小組是樂事。如果聚會順利，組員除了學會知識，也會得到激勵。我相信大家會喜歡小組，因為小組中的對談很有意思。除了小組，真的很少機會可以跟一班友善的人一起去探究人生的重大課題，而且可以期望有成長、有改變。

當然，每個小組情況都不一樣，也未必一定讓人有這樣好的經驗。一個小組的成敗，背後有它的原因——這不在本書的討論範圍。但是有一個事實是肯定的：小組得以成功，與每個組員的充分準備分不開。**每個組員為一課作愈多預備，該課成效就愈好**。有時就是這麼簡單。

預備不一定要花許多時間（雖然愈花時間預備，就可以為小組貢獻愈多），不過除了**時間**，**態度**也很重要。應有這樣的態度：我是這個小組的重要成員，我對這個小組有獨一無二的貢獻，我花愈多時間思考下一課的題目，愈仔細研讀材料，愈用心思考引導我們討論的問題，我就愈能發揮我在小組裏的獨特功用。

預備每課

- 信息的環節（「故事」和「概念」）。讀每課的兩個信息環節。每個環節花數分鐘即可讀畢。思考卻要多費時間，但可以在為日常生活趕忙的時間進行。
- 在「故事」環節，該課的核心概念是以一個生活經驗帶出的。用心思考那個主題，不論是信心、悔改、罪或其他。那個詞語對你有何意義？你對這概念有何體會？你會如何談論它（如果談論的話）？

- 在「概念」環節，核心的觀念會表達得更詳細。焦點會放在觀念上：要精確弄清楚每個概念。細讀這個環節，直至理順核心觀念以及可以與人討論。
- 對談的環節（「生活：如何經歷？」和「真理：如何應用？」）。細讀要討論的問題。通常有六條問題，每個環節有三條問題，有時還有一個練習。
- 在「生活：如何經歷？」環節，重點在於經歷——你和其他組員在該課核心概念上的經歷。你可以先想想那些問題的答案，雖然在小組對談中的即興答案有時更有意思。
- 在「真理：如何應用？」環節，重點在於概念，以及怎樣與人談論這些概念。你也可以先想想每條問題的答案，以助小組的對談。
- 「行動」環節（「探討」和「行動：如何實踐？」）。兩次小組聚會之間會有一些家課。所要做的也不會花太多時間，而你付出的努力，對你和你的小組都會帶來助益。
- 在「探討」環節，你要費點勁去加深對概念的了解，有時是研究一個詞語的意義，有時是檢視你的生活經驗，或看電視節目觀察世人怎樣描述罪這觀念。這不但加深你對概念的了解，也可以在你與對談伙伴的對談裏提供談助。

- 「行動：如何實踐？」環節，完全關於你與對談伙伴的對談，通常會就談話內容給你一些指引。

上述的聚會和預備功夫，每週要費多少時間？除了小組聚會需時四十五至九十分鐘，若你每週付出一小時去備課，就應該很有得益了。何況這個小時可以分成幾段，每段十分鐘、二十分鐘等等。

邀約對談伙伴對談

對談小組與其他小組的分別，在於需要找一個還未有意跟從耶穌的人為對談伙伴。這小組的目的是學習與人進行佈道對談，而你必須在實踐中學習！

所以你需要一個實驗對象去作嘗試。這實驗對象會幫助你學習。你邀請人作你的實驗對象時，就要告訴他：你想他／她成為你的實驗對象！

你必須坦白，讓你的伙伴早早知道你要做甚麼及你為甚麼要這樣做。你要告訴你屬意的對談伙伴：你屬於教會的一個小組，這小組的目的是學習與人談論信仰，而你這樣做是因為教會的使命就是要與人分享福音。你甚至可以告訴對方，教會的福音工作做得不夠好；根據過往紀錄，教會談論耶穌的好消息時，會強迫、操控和不清晰。你的小組盼望可以學習做個負責的基督教信仰對談者。

告訴他，你的小組每週會探討一個主題：信心、悔改、耶穌等，並研究如何與人談論這些主題。你想請他／她幫你嘗試你所學習到的。送一本《佈道日常：小組研習 12 課》給他／她，讓你的伙伴知道你在小組裏討論的內容。

你的朋友很可能會問你動機何在。「除了以我為實驗對象，還有甚麼目的？是不是想我信耶穌？」你的答案是：你當然想他／她信耶穌，這是好得無比的對話成果！但這不是你可以決定的——只有上帝可以決定。你不過是想跟他／她以信仰為題進行對談而已。

你毋須隱瞞甚麼。事實上，你愈坦白愈好。

找一個你在平常生活中總會碰面的人。如果你可以跟對談伙伴定時見面，效果會更顯著。這樣你可以在一週內跟他／她斷斷續續傾談。當然你也可以每週約朋友吃個早餐。佈道對談最好是面對面進行，但每週通一次電話也是可以的。可能以電郵持續對談也是可以的，但這種溝通方式聽不到對方的聲音，也未能使用視覺、觸覺及身體語言的全人感官去達成良好的對談。

你每週都要談論你跟伙伴對談的經驗。在「第七條問題」（就是每課的最後一條問題，通常是第七條），會請你以各種方式思考這持續的對談。

註釋

1. 這張大碟的精彩之處，除了音樂充滿感性，也在於它的名稱——但它其實不曾探討靈性的事。桑坦拿（Santana）於二〇〇二年灌錄了另一張大碟名為《薩滿》（*Shaman*；按：據説能通靈治病者），顯出他對靈性的興趣其實頗為廣泛。
2. 論到這如何逐步地影響 X 世代人，參 Douglas Coupland, *Life After God*（New York, NY: Pocket Books, 1994）。
3. 參 www.pcusa.org /evangelism/churchdevelopment/pe-es2005.htm（瀏覽於 2005 年 7 月 27 日）。
4. 參 www.evangelismconnections.org。八個宗派為美國浸信會（American Baptist Churches, USA），基督門徒會（Christian Church〔Disciples of Christ〕），弟兄會（Church of the Brethren），美國信義會（Evangelical Lutheran Church in America），美國長老會（Presbyterian Church〔USA〕），加拿大長老會（Presbyterian Church in Canada），美國改革宗（Reformed Church in America），聯合基督教會（United Church of Christ）。

I 解決問題

第 1 課：屬靈旅程中的人

第 2 課：上帝同在的故事

第 3 課：真是好消息

第 1 課
屬靈旅程中的人

生活 Life

故事：

屬靈客旅

（5 分鐘）

人人都是屬靈旅程中的客旅。人人都是。甚至開口咒罵上帝的人也不例外。誠然，這人可能走錯了方向（遠離上帝），卻仍然身在屬靈旅程中，他也沒法子。這是上帝造人的設計：在人裏面有個天性，要探求超自然的事。

人這種受造物，被設計成活於兩個世界中：一為自然，一為屬靈。很多作者都探討過這個事實：除非我們開展屬靈上的探索，否則內心得不到安息。

今日有許多人花力氣去開展屬靈上的探索——這是好事。但遺憾的是，他們似乎不知道自己在屬靈旅程上的位置，也不知道怎樣可以走到上帝的面前。

阿添（Tim）來自基督教家庭，卻對基督教信仰毫無興趣。他在中學與大學時期都十分反叛，尤其不遺餘力質疑他信主的父母的世界觀。如果你問阿添信不信上帝，他會自稱為**不可知論者**。阿添不大願意一口咬定世上沒有上帝，這需要太大的信心了（信奉無神論需要有很大的信心）。話雖如此，阿添也覺得沒有足夠的證據去令自己相信上帝。

嘉莉（Cary）相信上帝，但她所信的上帝近乎一股宇宙的力量，沒有位格。對她來說，禱告是通向這股屬靈力量的途徑，可以從而得到對自己、對世界的好處。她自己可能不知道，她可被稱為**自然神論者**。她在屬靈旅程上的位置，顯然與阿添不一樣。

溫黛（Wendy）是個**尋道者**。她知道上帝是有位格的。她所關注的是如何與這一位上帝建立關係。伶俐（Leigh）則是個**理想幻滅者**。她以前是個熱心的基督徒，不幸被她教會的牧師誘姦，卻反被幾個長老指控她「勾引」牧師（他們讓那個牧師留任）。她在屬靈旅程上停下了腳步，走不出教會領袖傷害她的陰影。馬田（Martin）**滿足**於自己的生活。他有稱心如意的工作、漂亮的妻子、可愛的兒女、美麗的房子。他不需要上帝。他已擁有一切。蘇姍（Susan）自知需要上帝，問題是，若要跟隨上帝，她就得放棄**享樂主義**的生活方式，包括性愛與那些狂歡派對——她捨不得放棄。

不可知論者、無神論者、自然神論者、尋道者、理想幻滅者、滿足現狀者、享樂主義者……這些都是屬靈旅程中不同駐足處的名稱。

須知不同的人在各自的屬靈旅程上，都身處不同的位置。**我們與人對談，必須針對每個人在神面前的個別問題。**以下我們會探討屬靈旅程中的概況。

• • •

生活：

如何經歷？

（20／25／40分鐘）

1. 你的屬靈旅程是何光景？追想一下你在信仰旅途中的每個階段。曾經有甚麼推動你趨向上帝呢？

2. 我們提及一些屬靈旅程中的駐足處。你認識的人當中，有沒有誰身處這些駐足處呢？

3. 細想你認識的人，猜猜他們此刻身處屬靈旅程中的哪個位置，然後記下他們所在的駐足處。

真理 Truth

概念：

朝聖之旅的意象

（5 分鐘）

論到屬靈旅程這個意象，說得最清楚的莫如希伯來書十一至十二章，不過這概念在猶太—基督教傳統中，可謂源遠流長。作為一個「朝聖者」的民族，以色列人的屬靈旅程始自亞伯拉罕與撒拉——他們被上帝帶領進入應許地之前，著著實實在中東地區的好多地方漂流過。在新約時代，朝聖之旅則多是關乎內心——是靈程，而未必是腳程。馬可福音提到十二使徒的屬靈旅程。使徒行傳記載了一個衣索匹亞太監的信心之旅，還有掃羅如何成為使徒保羅，以及彼得的人生歷程：如何委身跟從耶穌，其後更進一步接納外邦人加入教會。

論到傳福音，**屬靈之旅**是個很合用的概念。首先，這概念提醒我們，**我們所遇見的每個人都正在屬靈之旅上**。沒有人是我們的仇敵。人人都是上帝所疼愛的浪子，需要有人去引領、呼喚他們回到真正的家中，與上帝一起。

其二，我們要知道，**我們自己也在屬靈旅程上**。我們身處的位置與我們所遇見的慕道者不同，但在交帳的事上，我們與那不肯定上帝是否存在的不可知論者並無二致。人人都要向上帝交帳。人人都要在屬靈旅程上不斷向前。這樣的理解能除去「我們／他們」的二分法——這一道心態上的藩籬，向來是佈道事工的絆腳石。(「你們這些罪人問題多多，我們這些義人擁有一切答案，所以你們要聽清楚我們說的話。」) 如此我們就能一起在屬靈旅程上追尋和前進。

其三，我們知道不同人身處屬靈旅程中的不同位置，也就明白各人在面對信耶穌的問題之前，必須**先解答各人個別的問題**。對一些人來說，是有關上帝存在的證明或可信性；對另一些人來說，是面對福音時的各種要求；還有一些則是要分辨上帝是一股力量或一個位格。此外，有人要從昔日的信仰生活陰影中得釋放，也有人要認真遵照聖經中關於上帝以及如何與耶穌相遇的教導，去理解屬靈生命。所謂「佈道對談」，是圍繞這些個別問題開始的。

我覺得屬靈之旅有三部分：(一) 尋問 (期間我們探究有關上帝的問題)；(二) 委身 (期間我們經過各個階段直到決志作耶穌的門徒)；(三) 成形 (期間我們的信心不

斷增長）。[1]

因此，我們的任務是與屬靈之旅中的人交往（不管對方是否意識這點），同時不忘我們也在同樣的旅程上（雖然大家身處不同的位置）。佈道對談涉及雙方交流旅程中的困難與挑戰，為要弄清楚大家的位置，並思考要解決甚麼樣的問題，進而不斷向前邁進。

要點：傳福音的任務，是幫助人走到屬靈旅程中的一個特別位置——在這個位置上，他們可以聽見作耶穌門徒的呼召。然而，人們通常必須先努力解決各種問題與質疑，才可以走到這一步。我們的職分，就是陪伴他們走這趟信心之旅，同時也分享我們所走的信心旅程。

• • •

真理：
如何應用？
（15／25／40 分鐘）

1. 把人看為屬靈之旅中的男女，而非敵視信仰、漠視上帝、對屬靈事情感到迷惑的人，會如何影響你與他們的關係？

2. 有甚麼資源、事件、聚會、經歷等，可以幫助你所認識的人在屬靈旅程上積極又投入？

3. 如果你碰到阿添、嘉莉、溫黛、伶俐、馬田、蘇姍，你會跟他們談甚麼？

4. 你找到了對談伙伴沒有？進展如何？

行動 Practice

探討

仔細考究你自己的屬靈旅程是怎樣的。你兒時的信仰是怎樣的？少年時呢？成年後呢？你的尋問期是怎樣的？委身期呢？成形期呢？你在屬靈旅程上是如何向前邁進的？有沒有退步的時候？曾經有甚麼重大事件引發你問一些屬靈問題嗎？在你的信仰旅程上，誰在途中幫助過你？

你對自己的屬靈旅程愈清楚，就愈能夠與別人談論屬靈旅程。

• • •

行動：

如何實踐？

與你的對談伙伴以「屬靈旅程」為題聊天。先分享你對自己屬靈旅程的看法，然後請你的對談伙伴分享他／她的宗教旅程。這次對談毋須有特定目標，只需保持開放、坦誠與好奇的心。

資源 Resources

屬靈尋問：

駐足處與質疑的問題

尋問是屬靈旅程的第一個階段。在這階段中，人會深究有關上帝的事情，以及自己與上帝的關係。知道這尋問裏各駐足點的名稱是很有用的。你若知道對方身處屬靈旅程中的哪個位置，就可以更有效地與他／她對談。每個人都面對一個關鍵問題，若那個問題得到解答，就能朝上帝那方邁進一步。

以下的清單可作為例子，列出了尋問期裏其中一些駐足處的名稱。這些駐足處沒有特定的次序。事實上，人在屬靈旅程中的位置，遠比這清單所建議的來得複雜，於每個位置上所面對的問題也只是舉例而已。實際的問題往往更為複雜和散亂。不過，為屬靈旅程定下一些類型分類，對佈道對談是大有幫助的。

- **不可知論者**（不肯定是否有上帝）。關鍵問題：我怎樣可知道世上有一位上帝？
- **無神論者**（不信上帝存在）。關鍵問題：到底是否有上帝？
- **自然神論者**（相信上帝是一股沒有位格的力量）。關鍵問題：上帝有位格嗎？
- **知識型信仰者**（只是頭腦相信，對上帝沒有委身）。關鍵問題：上帝對我有甚麼要求？
- **尋道者**（願意認識上帝）。關鍵問題：我怎樣可以認識上帝？
- **漠不關心者**（不再對上帝感興趣）。關鍵問題：人生有何意義？
- **投向罪惡者**（選擇聽命於上帝的仇敵）。關鍵問題：我會付出甚麼代價？

- **滿足現狀者**(事事稱心如意，不需要上帝)。關鍵問題：我如何面對患難？
- **理想幻滅者**(曾經信主，如今失落了信仰)。關鍵問題：我的信仰經驗出了甚麼差錯？
- **其他信仰者**（信奉其他宗教傳統）。關鍵問題：我與上帝建立了重要的關係嗎？
- **享樂主義者**（以享樂為上帝）。關鍵問題：我為自己的享樂付上甚麼代價？
- **相對主義者**（認為相信甚麼都無所謂）。關鍵問題：我怎樣面對像大屠殺般的暴行？

註釋

1. 參 Richard Peace, "The Geography of Pilgrimage," in *Conversion in the New Testament* (Grand Rapids, MI: Eerdmans, 1999), 311～318。

第2課
上帝同在的故事

生活 Life

故事：

上帝在日常生活中

（5分鐘）

人人都喜歡精彩的故事。想想我們每週花多少時間在無止境的電視劇集上，就是一個證明。親人相聚，總會彼此交換故事。在辦公室的閒談，其實大多數也是故事：可能是美國職業欖球的新英格蘭愛國者隊（New England Patriots）如何打敗曼寧（Payton Manning）和印弟安納波利斯小馬隊（Indianapolis Colts），闖進「超級盃」（Super Bowl）總冠軍賽；可能是關於你外孫女近日對你說過的「非常可愛」的話；可能是最新一集電視卡通《阿森一族》（*Simpsons*）的舊作翻炒，但這仍是一個故事。我們都愛聽故事。

引發積茜（Jessica）開始認真考慮信仰的，就是一個故事。她朋友嘉露（Carol）常把耶穌掛在嘴邊，積茜雖然有興趣聽，卻從來覺得事不關己——直到某天嘉露談到她如何得了醫治的事。嘉露患感冒好一陣子了，似乎一直未能痊癒。她感到好些然後上班去，但兩天後又要告假回家休息。醫生給她開了好幾種藥丸，但療效不大。某天，嘉露的一個朋友去探望她，見她一臉病容，身心交瘁，就說要為她禱告。她朋友提到有時當她給病人按手禱告，病人就會好起來。嘉露的病真的就此好了。兩天後，她回到辦公室裏，雖然身子仍然虛弱，但總算撐得下去。其後她恢復了健康，感冒也根治了。

讓積茜印象深刻的，倒不是嘉露得了醫治，而是嘉露講這故事時的態度。嘉露真心相信是上帝醫治了她。她沒有大做文章，言語間卻表現出她對上帝的感恩。那十分真實。積茜不禁開始思想：也許這世上真有一位活生生的上帝。

我們都有一些經歷上帝的故事，可以表明上帝真的活著。論到佈道對談，這就是個開始的起點。我們與人分享我們與上帝彼此交往的各種故事。這些故事毋須轟轟烈烈，反而一些瑣碎平凡的小故事可以帶來更好的效果。但這些故事必須真實。上帝在日常生活中既真又活，我們可以、也一定經歷過祂。這是佈道對談的重要一環。

• • •

生活：

如何經歷？

（20／25／40 分鐘）

1. 簡述你第一次真實經歷到上帝的故事。

2. 故事如何幫助我們尋求人生意義？

3. 你曾聽過甚麼故事，幫助你認識到上帝在我們生命中又真又活？

Truth

概念：

發掘和述說我們經歷上帝的故事

（5分鐘）

佈道對談常以我們經歷上帝的故事為起點：如何感受到上帝的實在，如何被上帝改變，如何得到上帝的供應。我們的故事，表明上帝不是一個遙不可及的概念，而是隨時的同在。當我們與人分享自己屬靈旅程中的故事，聽者就會開始思考他們曾經如何經歷上帝。

論到個人故事，許多基督徒都學過怎樣與人分享自己歸信的故事。那可以是精彩絕倫的故事，但畢竟僅僅是一個故事，我們還需要許多真人真事來豐富我們與人對談的內容，以表明上帝是又真又活的。

請追想你曾經如何經歷上帝。上帝在你小時候已很實在嗎？在你記憶中，上帝對你禱告的最清晰回應是甚麼？你經歷上帝的最戲劇性事件是甚麼？你每天經歷上帝，其中有何特別之處？你在教會和團契當中覺得上帝同在嗎？你在甚麼地方遇見上帝？

你的故事毋須個個高潮迭起。平淡又平凡的故事有時反而最有果效。你的故事也毋須以成功或成就為題，譬如上帝如何幫助你贏得馬拉松或取得大生意。我們若講述上帝如何在我們的失敗中與我們相遇，給人真實的印象，也會引領有各種不同需要的人去求告上帝。

但不要忘卻戲劇性的故事——你在神祕經驗中（無論是強烈或是平靜的）知道上帝的同在是何時的事？你第一次感受到上帝與你同在是何時的事？你在大自然中曾如何遇見上帝？在寧謐中呢？在神聖的地方？在夢中？在音樂或藝術作品中？

可以講述一些平凡的故事，譬如你本來很想自私自利，結果如何不情願地選擇了為善。可以講述上帝答允你的一些不起眼的禱告，譬如禱告求上帝特別加力量幫助你熬過一個艱辛的會議，而上帝真的幫助了你。但也可以講述一些重要的禱告蒙應允的經歷，譬如你需要地方住，千方百計也找不到，最後期限到了，你既害怕又焦慮，向上帝呼求，然後幾分鐘後電話響起，一個合適的地方出現了。你毋須擔心要證明這真是上帝應允了你的禱告，而不是巧合而已。你只需分享你的經歷就好。

上帝何時曾拯救你脫離傷害或自己的愚昧？祂怎樣改變了你？你不用誇大你的改變，須知我們每個人都是「未完成的作品」。但向著整全踏出的每一小步都很重要。

你曾經如何經驗仁愛、喜樂、和平、忍耐，或其他聖靈的恩賜呢？也經驗過非凡的恩賜，例如醫治或靈光一閃嗎？聖靈賜給你甚麼恩賜？而你又怎樣運用這些恩賜？

你要收集故事，包括你自己和別人的（但需註明應列出的出處）。成為一個會講故事的人，這能使佈道對談變得引人入勝。

緊記好故事的特質。有一個引起你注意的**開頭**，是逗趣或離奇的也好，能令你與故事連繫起來的開頭。也要有一個扎實的**中段**，描述事件經過的細節。須緊記一個故事是否生動，在於它的細節。最重要的是故事的**結局**，它是整個故事高潮所在。結局若是出人意表，就更能帶出效果。多聽講故事高手的示範（如蓋瑞森．基勒〔Garrison Keillor〕的電台節目《草原伴侶》〔*The Prairie Home Companion*〕），向他們學習，然後努力嘗試把自己的經歷講得動聽。

講故事必須誠誠實實，尤其講的是你經歷上帝的故事。要按事實去講。避免修飾，避免誇大。不需把故事講得太有條理或太正確。要確保你的故事聽來可信，因這些故事都是誠實和真實的。

你的故事可以是長篇幅的，但在對談中使用來說，最好的故事往往都是短小精悍、言簡意賅的。[1]

要點：要與人開展佈道對談，就要學習向人講述自己經歷上帝的故事。要追想過去經驗了上帝是「又真又活」的大大小小事件。要學習怎樣把這些事件化為動聽的故事，融入我們的日常對談中。

• • •

真理：

如何應用？

（15／25／40 分鐘）

1. 找出五六個使你覺得上帝「又真又活」的經歷——包括過去與現在的。

2. 詳述以上其中一個經歷。

3. 從聽故事的角度，彼此評賞大家的故事。這對你有甚麼幫助？怎樣可以把這些故事講得更好？

4. 分享大家尋找對談伙伴的經歷。你從這經歷中學習到甚麼？

行動 Practice

探討

儘量追憶所有可以表明上帝和耶穌「又真又活」的經歷，把這些經歷統統記下。用上述的故事分類來記下你的經歷。當你積累了十幾個經歷，就試試開口講給自己聽。

• • •

行動：

如何實踐？

現在試試把你的故事講給別人聽，尤其試試講給你的對談伙伴聽。緊記最有果效的故事，是在對談中自然而然地分享的故事。

資源 Resources

精彩故事比比皆是

不要受限於自己所經歷有關上帝的故事，也要搜集別人的故事。

最佳方法就是詢問朋友、親人、同事和鄰居，請他們講述他們的故事。詢問他們關於上帝的事情——不是他們覺得上帝是怎樣，而是他們曾經怎樣經歷上帝。

你所聽到的必叫你訝異不已。人人都有一部屬靈自傳，即使不肯定上帝是否存在的人也不例外。他們對這些屬靈經歷可能有不一樣的稱呼：「不尋常事」、「我曾經歷過的怪事」、「恩典」、「奇遇」、「機緣巧合」等。人人都曾經有不尋常的經歷。美國有個調查顯示：全美國三分一成年人有過「神祕經歷」，然而他們很多都甚少與人談論這些經歷（即使覺得這些經歷對他們一生有極重要的影響）。

不用為了替他人詮釋這些故事的含義而操心：「啊，你經歷了上帝呢！」你毋須作任何註釋。你要做的是向對方講述你自己的故事。這是開展佈道對談的大好機會。透過這樣分享，我們將逐漸明白到上帝其實離我們並不遠（或與我們同在）。我們要學習去察驗上帝同在的蛛絲馬迹。

譬如說，可以引導人談論死亡。死亡雖帶來哀傷，卻常伴以恩典。有人在試煉中經歷到非比尋常的安慰，或是出人意外的力量，或一個看來向他們保證離世的至愛得到安息的夢境等等。當你開始分享這些故事，就會很快明白到超自然是怎麼回事。

經歷上帝的故事，是非常激動人心的，因此不少書以此為題材，你可以好好翻閱。有一本很好的書可作為開始，是休．克爾（Hugh Kerr）和約翰．馬爾德（John Mulder）撰寫的《著名的歸信經歷》（*Famous Conversions: The Christian Experience*〔Eerdmans, 1983〕）。這本書搜集了古往今來的人信主的故事，從奧古斯丁到寇爾森（Charles Colson）。你會詫異於各人信主的經歷是何等截然不同。上帝的意念明顯不受人的意念制限，祂與人相遇的方式多不勝數。你也可以翻看安．拉莫特（Anne Lamott）的《人生旅途中的恩賜》（*Traveling Mercies*〔Anchor, 2000〕）。她的故事不但傳奇——不論順境逆境，上帝的手從沒離開過她——她還是個一流的作家，而且滿有幽默感。另一個當代故事是唐．米勒（Donald Miller）的近作《上帝的爵士樂》（*Blue Like Jazz*〔Thomas Nelson, 2003〕）。唐．米勒是典型的後現代「X世代人」（Gen-Xer）。當然我們也不要忽略前輩的作品，譬如魯益師（C. S. Lewis）的《驚喜之旅》（*Surprised by Joy*）或梅頓（Thomas Merton）的《七重山》（*The Seven Storey Mountain*）。德蘭修女（Mother Teresa；又名德蕾莎修女）的《德蘭修女》（*Mother Teresa: In My Own Words*）和阿維拉的德蘭（Teresa of Ávila）的《阿維拉的德蘭自傳》（*The Life of Saint Teresa of Ávila by Herself*）也值得一讀。諾瑞詩（Kathleen Norris）於《漫步修院迴廊》（*The Cloister Walk*〔Riverhead, 1997〕）記述她在聖本篤修道院裏的經驗。其實好書真的很多，你可以從中找到不少故事（當然要註明出處！）。

也許最好的故事還是你自己的故事。筆者的書《屬靈自傳》（*Spiritual Autobiography: Discovering and Sharing Your Spiritual Story*〔NavPress, 1998〕）可能會對你寫下這獨特的

故事有幫助。

註釋

1. 我的兩本舊作可作參考，助你追憶上帝曾經介入你生命的故事：*Spiritual Journaling: Recording Your Journey Toward God*（NavPress, 1998）和 *Spiritual Autobiography: Discovering and Sharing Your Spiritual Story*（NavPress, 1998）。

第 3 課

真是好消息

生活 Life

故事：

講故事

（5 分鐘）

錫浩（Seth）登上巴士，坐在一個男人旁邊。路程頗長，於是二人攀談起來。那人是個熱心的基督徒，錫浩對他頗有好感，因為他朝氣勃勃，對上帝也顯然充滿熱情。二人分道揚鑣之際，那人給了錫浩一張單張，題為「福音一二三」。按照習慣，錫浩會隨手把這樣的單張扔掉，但那人剛才的話頗有意思，因此錫浩儘管讀讀看。

錫浩真的嘗試讀那單張，可是花盡九牛二虎之力，仍然讀不明白。那單張就像用外語寫似的，錫浩讀得懂每個字，就是不明白那些字加起來是甚麼意思。雖然錫浩並非在教會長大，但他總算聽過一些基督教詞彙，大致明白「得救」是甚麼意思。他也聽過**信心**、**耶穌**這些詞語，但其他詞語就叫他困惑了，他不知道**悔改**是甚麼意思，更不明白「邀請耶穌進入心中」是怎麼回事。結果，錫浩還是把那單張丟進垃圾箱。他覺得有一點可惜，因為巴士上那人顯然真的找到了一些東西啊。他很想知道那東西究竟是甚麼。

這故事似曾相識嗎？曾幾何時，美國人人都聽過聖經的故事，也明白基督教信仰的要旨。雖然未必人人都喜歡這些要旨，或相信聖經的故事，或明白箇中的含義，但起碼人人都曾聽過這一切。基督教信仰是美國普遍流行文化的一部分。可是，從嬰兒潮一代起，基督教的故事與理念，已被擠出主流文化之外了。

因此我們與人談論福音時，必須用對方能夠明白的詞語。這是重要的溝通原則：歸根結柢，**重要的不是你說了甚麼，而是對方聽了甚麼。**溝通關乎說者傳遞了甚麼給聽者。美國斷不欠缺福音的講論，但很多時聽者似乎不大明白講者的信息，甚至誤解了；最終人們對福音的理解偏差了。

你覺得誰有責任把神學詞語化作日常用語呢？當然不是聽者！這是我們的工作。要把神學詞語化成日常用語，得先深入明白福音的詞彙，以至能夠轉化為普羅大眾的語言和意象。轉化詞語的能力，對佈道對談非常重要。

僅僅告訴人「我們經歷上帝的故事」是不夠的，還要懂得告訴人「關於上帝的故事」，也就是指耶穌的故事。作見證有主觀一面(我們自己的故事)與客觀一面(耶穌的故事)。述說我們的故事，通常不大困難。困難的是要學習以權能、信念、清晰和滿有憐憫地述說福音的故事。

生活：

如何經歷？

（20／25／40 分鐘）

1. 分享一個你嘗試與人談論信仰的經驗。那是怎樣的經驗？有甚麼做得好的？有甚麼做得不好的？

2. 你那些沒有上教會的朋友如何理解以下詞語？

- 得救
- 耶穌
- 悔改
- 信心
- 罪
- 地獄
- 恩典

3. 若不准用神學詞語去講論基督教信仰，你做得到嗎？你覺得效果會如何？

真理 Truth

概念：

為福音下定義

（5分鐘）

福音究竟是甚麼？我們大概都有一些粗疏的答案：福音關乎拯救，關乎信靠耶穌，關乎耶穌為我們的罪受死。但如果只能用幾句話去總結福音的內容，大多數人都會覺得很困難——即使運用神學詞語。

我有時會給神學院學生一個練習。我請他們想像自己參加一次聚舊活動，有朋友知道他們進了神學院，問：「你們基督徒嘴邊常常掛著福音兩個字，究竟福音是甚麼？」他們會怎樣回答。為了減低這個練習的難度，我單單請他們把與福音的意思相關的神學詞語列出來。通常他們可以列出二十至二十五個詞語，有的詞語非常專門，譬如挽回祭、重生等。

保羅在哥林多前書十五章1至8節給我們為福音下了定義：

> 弟兄們，我如今把先前所傳給你們的福音告訴你們知道；這福音你們也領受了，又靠著站立得住，並且你們若不是徒然相信，能以持守我所傳給你們的，就必因這福音得救。我當日所領受又傳

> 給你們的：第一，就是基督照聖經所說，為我們的罪死了，而且埋葬了；又照聖經所說，第三天復活了，並且顯給磯法看，然後顯給十二使徒看；後來一時顯給五百多弟兄看，其中一大半到如今還在，卻也有已經睡了的。以後顯給雅各看，再顯給眾使徒看，末了也顯給我看；我如同未到產期而生的人一般。

值得注意的是，保羅的重點是耶穌；保羅提到耶穌生命最後階段的一些歷史事件（祂的受死、被埋葬、復活、顯現），並且給了兩個註腳（這些事發生乃是「照聖經所說」；耶穌是「為我們的罪死」）。福音的核心是耶穌並祂的死與復活。當提及「我們的罪」時，保羅把焦點從耶穌轉到耶穌為人類脫困解憂之上。福音也是關乎上帝如何面對人類的需要、失敗與過犯（罪）。

耶穌也曾提及福音，記在馬可福音一章 14 至 15 節：

> 約翰下監以後，耶穌來到加利利，宣傳上帝的福音，說：「日期滿了，上帝的國近了。你們當悔改，信福音！」

面對耶穌的代贖工作，我們的回應是悔改和信靠

（相信）。

這一課的重點是為福音作個概覽。此後幾個禮拜我們會逐一審視福音的各個核心內容。我們的目標是翻譯神學詞語：就是有能力以日常用語去談論這些概念，使人人都能聽得明白。

要點：佈道對談的主題是福音，因此充分明瞭福音的內容，不需用神學詞語也可談論福音，是非常重要的。福音的核心是耶穌。我們要學習去談論祂（第四章）。耶穌受死，為解決罪的問題（第五、六章）。我們回應耶穌，是藉著悔改與相信（第七至十章）。結果是委身於耶穌（第十一章）。

• • •

真理：

如何應用？

（15／25／40 分鐘）

分析福音單張「福音一二三」。

1. 細讀單張，把錫浩可能不明白或誤解的詞語或短語圈起來。

2. 討論大家圈起了哪些詞語，想想你會如何以日常用語談論這些概念？

3. 你和你對談伙伴的討論有何進展？

福音一二三

你是否已得救？聖經說世人都是失喪的。請看羅馬書三章23節及六章23節。經文的意思是：你是失喪的，而失喪的人需要得拯救。

這是成為基督徒的方法。其實很簡單，只要記得「一、二、三」。

一、承認你是罪人。

- 承認你有需要——你是個失喪的罪人，需要上帝的恩典。
- 承認你的惡行。

- 承認你的義像污穢的衣服（賽六十四 6）。

二、相信主耶穌基督。

- 相信基督為你的罪過死在十字架上（羅五 8）。
- 相信耶穌背負了你的過犯到加略山去，在山上為你流血，將你買贖。
- 相信藉著祂的復活你得稱為義。
- 相信藉著信靠耶穌代罪的死，你可以得饒恕，你可以重生。

三、認信耶穌。

- 承認你願意悔改。
- 以禱告承認你相信，並委身於耶穌。
- 邀請祂進入你心，成為你的主、你的主宰。
- 接受祂作你的救主。
- 在人前承認祂。

失喪的人可以得救！

這是榮耀的福音信息！

承認、相信、認信！你也可以得救！

行動 Practice

探討

從「福音一二三」中選一個被誤解的詞語出來作點研究。你可以查考聖經字典以確保你明白這詞的意思。嘗試不用神學詞語去表達這詞的意思。有沒有甚麼隱喻、意象或故事可以表達這概念？

• • •

行動：

如何實踐？

試試在平日聊天時談論這詞語。與你的對談伙伴分享你查考這詞意思的情況，問問他／她的意見。可能曾經有人向你的對談伙伴見證福音，跟他／她談論這些經歷。他／她的感受如何？

Resources

福音的內容

見證的客觀一面。我們與人分享信仰，有時太側重於我們對耶穌的體驗。分享經驗是重要，但談論我們所經驗的是誰也是必要的。論到福音，有三大主題必須探討：

1. 耶穌(祂是誰?祂做了甚麼?)

- **耶穌是誰?**可以談論的題目包括:耶穌在世人心中的形象(萬世師表、先知、宗教領袖等),人們稱耶穌是誰(彌賽亞、神子),耶穌如何稱呼祂自己,以及我們又如何評估這些看法。
- **耶穌做了甚麼?**我們要與人談論耶穌的死與復活。祂的死使人有機會認識上帝。祂的復活表明祂對自己的宣稱真確,也表明祂是永活的上帝,因此能夠與我們建立關係。關於耶穌復活的歷史證據,要好好準備與人談論。論到耶穌生平史實,斯托得(John Stott)的《真理的尋索》(*Basic Christianity*)言簡意賅,是很有用的討論材料。[1]

2. 人(在上帝眼中我們是誰?我們遇見的禍患,它的本質是甚麼?)

- **人的本性。**在上帝眼中,人類背叛了祂:放浪、迷失、不順從和任性。這叫上帝痛心疾首:祂所愛的兒女成了浪子,在「遠方」,不知道慈愛的父母正呼喚他們回家,且有歡宴等待他們。
- **人的需要。**我們在幾方面感受到自己的「迷失」:欠缺目標;人際關係破裂,顯出道德敗落;抑鬱、暴怒和恐懼;「落入谷底」;遭逢逆境等等。我們與人談論這些事時，須緊記我們無法說服對方他需要認識上帝，更遑論叫對方知罪（那是聖靈的工作），但我們可以點出對方種種苦況的根由。我們也可以先坦誠地分享自己迷失的經驗。當我們能夠敞開心窗，表露真我，對方也就能夠敞開他的心窗，表露他們的真我。合宜地赤誠相對，是友誼的重要元素。

3. 委身（貧乏的人如何遇見耶穌？）

- **悔改**。這個詞語代表我們願意歸家，不再逃避上帝。這是關乎意志的決定：決定回轉，歸向上帝。
- **信心**。信心是投向上帝的信任，相信藉著耶穌的死與復活，我們可以得到饒恕，可以有新生命。信心聚焦於耶穌。
- **作門徒**。我們歸向耶穌，就是開始新的生命，從此效法耶穌生活。我們的思想、感受、行為和投入的事情都不再一樣。歸信是我們一生跟從耶穌的第一步。

見證的主觀一面。僅僅討論客觀事實是不夠的，我們也要分享自己如何被那些客觀事實改變。我們要述說自己如何經歷了耶穌。要這麼做，我們需要：

- 普羅大眾能明白的**詞彙**。我們要把聖經的語言轉化成詞語、意象、隱喻和故事，是不曾上教會的人也會明白的。

- **覺察**上帝在生活中與我們同在。上帝時常在我們身上行事，問題是我們並不常常留意罷了。在我們周遭的自然環境，在日常發生的事件，在我們的需要與渴求中，並且在我們有意識地尋求祂的時候，譬如我們讀經、禱告和敬拜之時，上帝都在那裏。我們要培養一種意識，在我們生活的每一刻留意上帝的足印。
- **樂意**談論上帝。基督徒作見證，不應該是一段獨白，把學了的一個概述一口氣告訴別人。基督徒作見證，也不是分享幾個我們經歷上帝的重大事件（譬如我們的歸信）。基督徒作見證乃是我們誠實地生活，誠實地與人談論自己不斷經歷上帝的事情。我們與人談論的，大多是生活中的小事（一個頓悟，一個禱告的回應，感受到喜樂，一次相交的經驗），偶爾也會分享大事（譬如得醫治或其他神祕經歷）。

整全的見證，應同時兼顧主觀和客觀兩方面，帶著愛與開放的心而作，是對談中的自然延伸（而不是硬生生的介紹），細意聆聽對方的心聲，時刻緊記人人都是上帝的兒女，即使對方不承認這事實。

見證單張。教會印製福音單張，有久遠的歷史。這些單張通常是一些短文，講述福音的各方面內容，通常是給信徒作見證之用。這構思是：你未必有能力把福音講解得清楚，但這福音單張可以為你代勞。因此，你把福音單張派給朋友，他／她讀了可能就會歸信。

問題是，福音單張的質素良莠不齊。現代的單張有的無疑十分醒目，設計吸引，可惜大多數內容都採取了「敵我分明」的姿態。讀者好像是被歸類為敵方，對屬靈事情一無所知，只等著下地獄！難怪人家都不大接受福音單張的信息！此外，這些單張也常常滿載神學語言。基督徒可能會覺得很容易明白，但對於沒有上教會的人來說，那就像外星的語言。

我不是反對使用見證單張。我自己也寫過、印製過福音單張（類似的）。其中一款給製成書籤，用於一個在大學校園舉行的全國聖經派發運動。不過，我懷疑福音單張已經過時。現已看不到人於生活其他範疇中使用類似單張的東西。

順帶一提：上述的「福音一二三」單張是我寫的。我不曾把它印製出來（除了這書裏的），也不會使用它，因為它太難明了。不過這單張使用的語言和風格，與我們經常看見的福音單張非常類同。我想說明的是：如果我們想傳達信息，就要挪去我們的神學語言。

話得說回頭，「福音一二三」的語言和風格雖然對傳福音不管用，但它背後的神學信息是沒問題的。你可以說它沒有包含「整全的福音」，但在它的古老詞語及短語背後，仍然有一位活著的復活救主盼望與我們相遇。所以，雖然「福音一二三」對不熟悉聖經語言的人來說不大管用，但它實在點出了不少福音的要義。它提醒我們，我們必須學習翻譯神學詞語的藝術。

註釋

1. 但要留意的是，這類歷史證據對後現代的人是沒有甚麼份量的，因為他們根本不相信人可以判別這等事情的真偽。話雖如此，知道耶穌復活有真憑實據，始終可以讓人明白復活是可能發生的，雖然是不能證明的（基於他們對歷史事實的假設）。本書第九章會再觸及這題目。

Ⅱ 談論……

第 4 課
談論耶穌

生活 Life

故事：

述說耶穌的故事

（5 分鐘）

耶穌是福音的核心。福音，就是有關耶穌的好消息——祂是誰並祂為人類做了甚麼。歸根結柢，一切都在於耶穌。因此，**耶穌是佈道對談的焦點**。學習如何談論耶穌，是再重要不過的事。

你可以說這不是甚麼難事。在北美大多數人都聽過耶穌的名字。靠著所有的聖誕慶典和復活節節慶活動，人們對耶穌並不陌生。不過，他們對耶穌的認識，卻是少之又少的。

馬克（Mark）自小聽聞耶穌的名字，偶爾也會上教會。但若問他耶穌是誰，他很可能會說耶穌是卓越的宗教導師——雖然馬克說不出耶穌的具體教導是甚麼。是關於愛的，馬克心裏想。他知道耶穌是位先知，因律法的事而招麻煩，最終被釘死在十字架上，而釘十字架是古代的死刑。後來傳聞耶穌從死裏復活了，雖然馬克不大肯定這個傳聞是真是假。

佈道對談的主要挑戰，就是學習如何與人談論耶穌，而這談論要能突破人們種種關於耶穌的膚淺而公式化的印象，以及對祂的有限認識。我們可以怎樣幫助人看見耶穌的奇妙？——就是說祂是上帝，成為了人；是完全的上帝，又是完全的人。

猶幸新約聖經福音書記下了許多關於耶穌的故事，這些豐富的材料清楚表明耶穌是誰。我們只需學習以新穎和準確的方式來述說這些故事，在我們的對談裏說：「嗯，有一個故事講到耶穌碰見……」我們就此便開始述說其中一個福音故事。

我們要述說耶穌出生的故事，祂如何招聚門徒，開展事工，還有羣眾如何蜂湧而至，宗教領袖如何迴避祂。我們要講述祂如何教導人、醫病、趕鬼（雖然聳人聽聞，但毋須避而不談）。要講述祂如何與各色各樣的人有美好交往，從宗教領袖到漁夫，由農人到小孩子，以及邊緣人士。我們特別要述說耶穌的死和復活，並這一切有何意義。

因此，佈道對談的首項挑戰，是學習解說有關耶穌的故事。我們都讀過福音書的故事。如今要學習如何以新穎的方法，順著對談的發展講述這些故事。

• • •

生活：

如何經歷？

（20／25／40 分鐘）

1. 哪個耶穌故事曾經深深觸動你？用你自己的話述説這故事，並解釋它如何觸動你的心靈。

2. 如果你問朋友「耶穌是誰」，他們會如何回應？你猜他們的回應有哪些是對，哪些是錯？

3. 哪個耶穌故事最能吸引他們的注意？為甚麼？你覺得在甚麼情況下適合述説這個故事？

Truth

概念：

怎樣講故事？

（5分鐘）

我很驚奇德安（Dean）怎可以吸引到三十五個少年聚會參加者的注意；這些少年又吵鬧又愛笑，坐也坐不定啊！更厲害的是，德安接著向他們講道，約十五至二十分鐘之久，他們仍然在聽呢！當然，這並不是一般的講道，而是節奏明快、滿載故事的一篇講章。少年人都愛聽故事，甚至是關於耶穌的故事，尤其是以新穎的手法去演繹。他們也喜歡例子，愈詭異愈好！**故事**，是少年領袖成功的鑰匙。

我們與人談論耶穌時，這也是導向成功的關鍵。我們必須述說耶穌的故事。然而，真正的挑戰在於我們能否把故事說得動聽。我們都慣了讀出耶穌的故事，但這種讀法在對談中是行不通的。

那麼我們該怎樣做？大致而言，我們只需**解說**福音書的故事。就是說，我們得用自己的話去講故事。好故事必然包含許多細節，因此我們要熟悉第一世紀以色列的生活環境。好故事都有引人入勝的開始，吸引聽者注意。好故事情節層層推進，簡單明快。好故事都有恰當的結局——意想不到的，或是帶出信息。好故事與我們說故事的情境緊扣相連。

換言之，我們要充分了解耶穌的故事，才可以用自己的話去講給人聽。我們要學習講述一些動人的耶穌故事。我們要練習向人講這些故事。

該述說哪些故事呢？就從你喜愛的故事開始吧，譬如耶穌與一些人的對話——尼哥德慕（約三 1 ~ 21）、年輕而富有的財主（可十 17 ~ 30）或井旁的婦人（約四 1 ~ 42）。你不必述說整個故事，這不是查考聖經。不過你可能想講述一下故事的背景，使它更活靈活現。（當然你得確定你的資料正確！）

你也可以用馬可福音（最早寫成的福音書）的六個段落去組織思路。每個段落選一個故事去講。馬可在每個段落都闡明一個主題，幫助讀者認識耶穌的身分。

- **耶穌是卓越的導師**。這是很好的起點，因為大多數人都覺得耶穌是卓越的導師。你可以講耶穌醫治大痲瘋病人的故事（可一 40 ~ 45）。記得第一世紀的猶太拉比會做三件事：教導、醫病、趕鬼。
- **耶穌是大能的先知**。講被鬼附者得釋放的故事（可五 1 ~ 20）。
- **耶穌是彌賽亞**。要講彼得在凱撒利亞．腓立比宣認耶穌為基督的故事（可八 27 ~ 33）。

- **耶穌是人子。**[1] 在馬可福音十章32至45節，耶穌為人子的角色下定義。
- **耶穌是大衛的子孫。**耶穌潔淨聖殿，是個精彩的故事（可十一 15～19）。
- **耶穌是神子。**耶穌的死，表明祂的身分（可十五 33～39）。[2]

緊記你的目標，是藉著述說耶穌的故事，從祂的奇妙、權能及榮耀表明祂的身分。你說的故事並非要取代新約聖經的記述。而是期望你的聽眾會被吸引，想自己閱讀這故事。如果他願意接受你邀請參加查經班，一起查考其中一本福音書，就更求之不得了。又或者他願意和你一同上教會，在那裏聽這些故事。你的目標是要熟悉一些耶穌的故事，並可以隨時講得動聽。你要多多練習。要把故事講得好，就要多講故事。

要點：福音的主角是耶穌，祂是我們信息的核心。耶穌**就是**那信息。耶穌是世人歸信的對象。我們要學習按福音書的記載去述說耶穌的故事。換言之，我們要重溫那些熟悉的故事，仔細研讀，嘗試向朋友解說，期望他們會產生興趣，主動去讀那些故事。

• • •

真理：

如何應用？

（15／25／40 分鐘）

1. 請一個組員讀出在「資源」環節的故事《異端》（頁 75），其他人則閉上眼睛留心聽。讀完之後，請他／她也讀出馬可福音二章 1 至 12 節，就是《異端》所根據的福音書的記述，然後一起討論彼此的體驗：對故事的感受；在對談中述說福音故事的感受；對解說聖經故事的感受等。

2. 從上述故事中選出一個，試試向組員解說這故事。用幾分鐘安靜，想清楚該怎樣講述這故事。接著找幾個組員講他們解說的故事。一起討論哪些是可行或不可行的。

3. 你與你對談伙伴的探討有何進展？

行動 Practice

探討

選一個你最喜愛的有關耶穌的故事。仔細研讀，儘量多找研經資料，然後嘗試解說這個故事；就是說，用你自己的話去述說這個故事。把你的解說寫下來，再讀出，不斷練習。

久而久之，再選另一個故事，重複上述的練習，直到你可以娓娓講述六七個有關耶穌的好故事。

• • •

行動：

如何實踐？

向你的對談伙伴講述故事。觀察他／她有甚麼反應和評價。

資源 Resources

《異端》：

以馬可福音二章 1 至 12 節為根據的故事

我們有好些日子沒遇過明確可辨的異端了，所以當消息從北方傳來，我甚為興奮（辨認異端是我的專長，但必須多加鍛煉，否則會慢慢生疏）。

這次我決定親自出馬去查個究竟。我們去到加利利一條小小的漁村，就是疑犯的活動地點。

我們走運了，才剛到達不久，就遇上他將會主領一個聚會。我們去到聚會的地方，拿出筆記本。我猜想他看見我們這般模樣，一定以為我們是他的忠實信徒，要記下他所說的每句話吧。嘿，他才不知道我們是誰呢。

可是，怎麼說呢，我覺得他好像知道我們是誰！我愈坐愈不自在，覺得他甚至知道我們的來意。事實上，我覺得他發出那個斗膽的宣告，正是衝著**我們**說的。我說得太快了！讓我從頭說起吧。

話說我們聚會的地方，突然有個癱子出現（這癱子如何出現是另一個故事，且按下不表）。總之，羣眾興奮莫名，他們對聽道理的興趣，怎及得上看熱鬧的興趣？眼下有好看的了：這個癱子求醫治呢。

但他沒有立時醫好癱子，卻先發出一個宣告。他很冷靜地看著癱子，眼睛也沒眨一下，說：「你的罪赦了。」

我真不敢相信我的耳朵。他不是傻的，你看他一眼就可以肯定這一點。但他竟然當著眾人面前說他赦免了癱子的罪，而他**知道**惟有上帝才可以赦罪啊！我們抓到證據了！他的宣告肯定是異端，這是毫無疑問的。

但他突然正眼看著我們，說他知道**我們**認為他的宣告是異端邪說！但他說他的宣告斷不是異端邪說，而他可以證明給我們看。嘿，我倒要見識一下了！如果他發出這樣的宣告還可以脫身，就真是個天才了。

但他只問了我們一個問題：「哪一樣容易呢？是醫好這人的病容易，還是說『你的罪赦了』容易？」他把我們難倒了！「你的罪赦了」這五個字，人人都說得出口，甚至我也說得出口（但當然我斷不會說）。可是醫好人的病，是另一碼子的事啊！

我恍然大悟，知道他想說明甚麼了。我們的神學家（求主賜福予他們剛硬的心）向來教導我們「生病是因為犯罪招致懲罰，要得醫治就必須罪得赦免」，這道理連小孩子都知道。所以，如果他有能力醫好癱子，按我們神學家的說法，他就有赦免癱子的罪的能力了。

我想你猜到結局了吧？他真的醫好了那癱子！這是我們親眼看見的事。那個癱子站起來，拿著褥子，當著眾人面前大踏步出去了。

這次調查結果已經超出我的職權範圍，得由我的上司接手了。你可以想像他們聽我報告時的反應。他們氣急敗壞，不斷抱怨說：「但是，只有上帝才可以赦罪啊！」

我也覺得很疑惑。我不斷想：如果只有上帝可以赦罪，那麼這個在迦百農的耶穌究竟是何方神聖？[3]

註釋

1. 我留意到陽性語言對一些人來説是個障礙，而這障礙之出現是理所當然的。教會長久以來只用陽性語言談論上帝。這是使用英語的一個棘手問題：我們無法脱離性別語言（gender language）而談論位格（personhood）。但這也是思維傾向（mindset）的問題。有些人不能接受女性在教會作領袖（雖然事實上於羅馬書十六章 7 節，保羅問候猶尼亞，並視她為使徒），也非常抗拒性別中立（gender-free）的語言。但我們對談的時候，需要儘量採取性別中立的態度。我在這裏用「人子」一詞，而非性別中立的語言，皆因「人子」是新約中的術語，包含了特定意義，與性別這題目無關。在其他地方，我會使用新約中論及耶穌的詞語的原來版本。不過，在語言的限制下，我們要儘可能除去説話中有關性別的偏頗。
2. 這方法的詳述請參看拙作 *Conversion in the New Testament*（Grand Rapids, MI: Eerdmans, 1999）, 319～329。
3. 這故事"Heresy Is My Meat"最初刊於 *His* 30, no. 5（1970）: 34。

第 5 課
談論需要

生活 Life

故事：

尋找人生意義

（5 分鐘）

澤理（Jerry）擁有一切：一份不錯的工作（他是一家公司的財務總監），一個愛他且善良的妻子，幾個循規蹈矩的兒女。他們居於一棟俯瞰整個海港的海邊獨立大房子（繼承自他父親的），所在的市鎮名校林立。澤理彷彿擁有點石成金的本事。當然他也有煩惱與憂傷的時候——譬如難以相處的同事，談不攏的交易，暖爐在嚴冬中壞了，體重比大學時多了十幾磅……但他沒有理由抱怨，也不曾抱怨。相反，在大多數的日子，他都是心存感恩的。

然而澤理的心總是不安穩。他今年四十六歲，按世人標準（究竟是誰定立這些標準的？），他甚麼都不缺，卻仍覺得心底有一種空虛感。他不知道這是甚麼。是輕微的抑鬱嗎？是未滿足的渴慕嗎？是未解決的事情嗎？是中年危機嗎？

瑞士心理學家榮格（Karl Jung）說：人在前半生不斷尋

求與外在世界和好，在後半生則不斷尋求與內在世界和好。澤理的感受，在他同齡的男人中並不罕見。澤理得償素願，獲得他想要的東西。他也自覺是個成功人士，但如今反而要問自己：究竟我是誰？究竟我一生所為何事？探索內心世界向來不是易事，尤其對中年男人來說。

澤理可能不會因為自覺有罪或失敗而信靠耶穌。這不是說他不曾犯罪，他和其他人一樣，但他沒有挫敗感或罪疚感的困擾。他的坐立不安，源於心底渴求未得滿足。

我們有時以為人惟有在良心不安時才會信主。但事實上，不少人跟從耶穌，是因為在耶穌裏他們為心底的渴求尋著了答案。耶穌呼召他們跟從祂，他們因此委身於一個更高的目標與一件更大的事。耶穌呼召他們去關懷、付出、服事，並要認識祂；當他們願意這樣做，就會發現人生的真正召命。

澤理需要尋找他一生的召命。他需要找到一個將會引發他獨有恩賜與天賦的理想。他渴望付出（雖然只隱隱感受到這渴望），渴望能投身非凡的理想。他若歸信耶穌，必然是因為耶穌滿足他的需要，使他變得更好、成為更好的人，並在上帝裏找到真我。

佈道對談的其中一個問題是：「那又怎樣？這些有關上帝的討論與我何干？」對很多人來說，上帝與他們的心底渴求，二者其實大有關係。尋找上帝就是尋找人生意義。因此我們要留心那些可以讓人發現自己需要上帝的事情。

• • •

生活：

如何經歷？

（20／25／40 分鐘）

1. 有甚麼渴求、願望、需要，曾經塑造你的生命？上帝如何使用這些願望，滿足這些渴求或回應這需要？

2. 你的家人和同事認為他們有甚麼需要和渴求？他們一生有何求？這些夢想與上帝有何關聯？

3. 如果澤理向你透露他覺得生命中好像缺少了些甚麼，你會怎樣跟他談論此事？（可以試試角色扮演，請一個組員扮演澤理，另一個扮演澤理的朋友。角色扮演是很有趣的。）

真理 Truth

概念：

說出內心的渴求

（5 分鐘）

有些人因為要尋求饒恕而信主；但更多人是因為耶穌可以滿足他們內心深處的渴求而信主。耶穌為我們人生賦予目標，祂呼召我們投身於天國事業，使祂的國降臨地上。祂的國是愛的國。耶穌告訴我們，最大的誡命就是去愛——愛上帝、也愛人（可十二 28 ～ 31）。這是如此簡明，卻又是無所不包的誡命。人永不可能完全實現這誡命。這挑戰值得我們全人擺上，奉獻所有。

我們真正熱切渴求的，是尋獲真我。我們男男女女受造而活在兩個世界中，一個是自然的，一個是屬靈的。人背叛上帝後，就與屬靈世界隔絕了。當然，我們對這個世界仍有一種直觀，若肯細心留意，在我們周遭仍可發現超自然界存在的證據。我們強烈渴求與那失落了的另一半真我復合。正如奧古斯丁提醒我們：我們的心不會得到安息，直到我們在上帝裏尋獲安息。

能夠幫助人找到並說出內心的盼望、渴求、夢想，是你可以送給他們的一份厚禮。你這樣做是幫助他們脫離莫名的不安與迷惘，進而明白到原來他們所渴求的是上帝。

因此盼望、夢想、渴求，都是與人對談的絕佳題目。這些對談立竿見影，因為能夠與身處這文化環境中的人產生深刻共鳴。

人內心的渴求有許多形態：渴求變得更好、做得更多；渴求可以有所貢獻；渴求在天地宇宙間安身立命；渴求與自己和好、與世界和好；渴求有所改變；渴求親身認識上帝；渴求做個好人；渴求死後新生的確據。

我們要學習與人談論自己的渴求，並上帝如何滿足這些渴求。這意味我們必須願意敞開心懷，對人不加設防，以我們的真面目來示人。我們愈坦然向人敞開心懷，對方就愈容易說出內心的渴求。

昔日耶穌呼召人跟從祂（參太十一 28～29；可一 16～20；路九 23、57～62）。今日祂仍然呼召世人跟從祂。我們很多時候是在留意自己的真正渴求、心底願望及熱切企盼之際，聽到耶穌的呼召。在佈道對談中，我們可以幫助對方找到並說出這內心的呼召，而同時也留心上帝對我們有甚麼話要說。

要點：要人談論自己的過錯與失敗是困難的，談論自己的盼望與夢想則容易得多。我們的渴求源於上帝，也把我們導向上帝。所以我們要敏銳於別人和自己的渴求；要學習說出這些渴求，知道這些渴求如何根植並成就於上帝裏。而這一切將始於我們先向人分享自己的需要和渴求。

真理：

如何應用？

（15／25／40 分鐘）

1. 耶穌如何滿足我們的渴求？你有甚麼親身經驗？

2. 「呼召」是甚麼？為甚麼找到人生的真正呼召，等於找到上帝造我們的真正身分？尋找呼召又為甚麼關乎尋找上帝、跟從上帝？

3. 教會作為帶著使命的上帝子民的羣體，可以怎樣幫助我們積極地參與上帝的計劃？透過邀請慕道者參加外展活動，教會如何引領他們歸信？

4. 對於用你的説話述説耶穌的故事，你如今進展如何？你學到了甚麼？

行動 Practice

探討

列出你教會的所有外展項目。你會如何邀請慕道朋友去參加這些仁慈和愛的事工？你會如何藉著這些事工服務，使他們在屬靈旅程上成長？

• • •

行動：

如何實踐？

與對談伙伴分享，跟從耶穌後你的渴求如何得著滿足。

Resources

渴求

上帝其實深植在我們的存有之中。聖經說人人都是按上帝的形象受造的。孩童似乎尤其覺察上帝的存在，可是隨著電視信息不斷的阻礙、成人的冷漠以及教導其他理念的學校制度，我們把上帝所透露出來的信息都洗去了。但無論如何，上帝所透露出來的信息，始終深藏在每個人的心底裏。

這些透露出來的信息會被世上的美好事物鞏固。只要我們察看，世上滿佈上帝的足印。即使是最漫不經心的人，偶爾也會震懾於良辰美景：璀燦的夕陽、巍峨的雪峯或破曉時林中深處的平靜湖面。又或者我們遇見難以解釋的事：一個朋友似乎因禱告得醫治；或一個揮之不去的想法，催促我們做某件平時不會做的事，結果顯示那是一件好事，雖然我們起初毫不知情；又或者一個應該痛恨我們的人，卻願意饒恕我們。

敬畏、震懾、驚詫、仁愛、喜樂、和平——這一切都勾起我們心底某種原始感受，覺得自己受造而活在兩個世界中：一個是眼所能見、包圍著我們的自然世界，另一個是眼不能見、經常隱藏的超自然世界。

還有一些意想不到的時刻，可謂驚鴻一瞥，猶如一道隔開自然與超自然的幔子忽然挪開，我們彷彿窺見了「另一個世界」，而那個世界正是我們一生夢寐以求的。

魯益師在一九四一年六月八日（正值二次世界大戰暗無天日的歲月）的一篇講道裏，對這點的表達甚佳。他講到人對「另一個世界」那不能遏止的渴求：

> 因此是顯而易見的，我們一生的眷念，企盼與宇宙中某樣如今已被阻隔的東西重新相連結，企盼走進某扇門內（我們向來只在門外觀看），斷不是胡思亂想，而是我們的真實處境的精確標示。
>
> 我們渴求另一些東西，這實在難以言喻——怎麼說呢，我們渴求與眼前的美景共融，走進它的懷抱，接受它，浸淫其中，成為它的一部分……如今我們置身在這世界的門外，是在錯誤的一邊。我們感應到拂晨的清新純潔，卻不能變為清新純潔。我們看見種種榮美，卻不能與它們合而為一。然而，新約聖經滿載一個說法：這情況不會永遠維持不變，將來有一天，上帝若許可，我們將會走進門內。[1]

我們對屬靈事物的好奇心，是源於這渴求。擺在我們面前的挑戰是去了解它、道明它、看清它的指向。在這過程中我們需要別人幫助，心眼才可以打開，看見我們的確是受造而活在兩個世界中，然後我們就可以開始滿足心底那不能遏止的渴求，是藉著耶穌——那道通往另一個世界的橋梁。

註釋

1. 見魯益師名為“The Weight of Glory”的講章，載於 C. S. Lewis, *The Weight of Glory and Other Addresses*（Grand Rapids, MI: Eerdmans, 1949）, 12～13。

第 6 課
談論罪

生活 Life

故事：

罪的困擾

（5 分鐘）

「你們是卑鄙無恥的罪人，你們都是！」我們可以在腦海裏幻想這情景。一個又高又瘦、一身黑衣的牧者，用瘦削的手指指著一羣因他的話而渾身發顫的人。他們不是甚麼惡人，不過是未能達到傳道者那些不可能的嚴苛標準而已。

這是叫人沮喪的情景嗎？是的。這是對古今神職人員的準確描述嗎？絕對不是。然而，這個印象已浮現於我們的文化之中：嚴苛而好論斷的宗教狂熱分子務要驅散人生的樂趣。

不幸地，這是提及**罪**的概念時，許多人想起的主調。許多人以為犯罪就是做了宗教狂熱分子所說的種種**不可做**的事。換言之，罪不過是定義的問題。「他是誰？竟然有資格告訴我該做甚麼、不該做甚麼？」

我們其實不會常常想到罪，但每次想起，總是想到大奸大惡的事，譬如傷害他人身體，對配偶不忠，打劫銀行，在大事上故意撒謊——就是一些我們大部分人不會做的事。因此，我們不會覺得罪與自己有甚麼關係。

所以基督徒與人對談，若提及**罪**這個字，總會引起各種錯誤的印象。其實聖經對罪的看法是更寬廣和全面的，遠遠超過大奸大惡或觸犯不合理的規條。因此我們與人論及罪時，必須引導對方明白聖經有關罪的教導，而不是世俗文化對罪的定義。

人人都說洛莉（Lori）是個不錯的女生。她的臉總是掛著笑容，又從不說別人壞話，更樂於助人。可是洛莉飲食過度（她的暴食在暗中進行）。她對飲食沒有節制；這事其實是在提醒她：她有罪的困擾。當她明白到自己任由食慾控制是一種罪，可能就會明白飲食過度是源於她甚差的自我形象（其實她對人友善，無非渴想人人都喜歡她）。現實中，洛莉非常憎厭自己。這是罪的另一個表徵：不能合宜地愛上帝所寵愛的對象。

自覺需要從罪中得釋放和赦免，往往是信耶穌的第一步。人們不會自動信耶穌，除非有理由這樣做。何必呢？何必委身信耶穌，使生命必須改變呢？人們信耶穌的最常見動機，是耶穌可以解決我們罪的困擾。祂赦免我們的罪，醫治我們。

佈道對談的一個挑戰，是談論罪時如何對應對方的生活經驗，讓他明白自己的內裏景況，而不落入世俗文化對罪的誤解中。當然，大多數人根本不願意談論罪。為甚麼要令對談變得掃興呢？可是不明白罪，就不能明白福音。所以我們必須學習與人談論罪的整個概念，是既能忠於聖經，也能對應人生掙扎實況的。

• • •

生活：

如何經歷？

（20 ／ 25 ／ 40 分鐘）

1. 提起**罪**這個字，你會想到甚麼？哪些「罪」是你最難克服的（忿怒、情慾、驕傲等）？耶穌在這困擾上如何幫助你？

2. 你身邊的人怎樣理解罪這回事？大家試試任由思想奔騰，看看可以數出多少罪行來（包括個人與集體層面的罪行）。如果不用「罪」去形容，你可以用別的甚麼方式去跟他們談論罪？

3. 如果洛莉是你朋友，你會怎樣與她對談，幫助她（而不是嚇唬她）明白她的飲食過度與罪的困擾有關？（再來一次角色扮演？）

真理 Truth

概念：

罪——人生景況的一種描述

（5分鐘）

其實毋須動用**罪**這個字，也很容易談到罪這回事。在今日的世界，罪的呈現方式實在教人目不暇給：從集體的罪行，例如大集團的貪婪、政治圈的權謀詭詐、低下階層遇到不公平對待；到個人的罪行，例如貪婪、亂發脾氣、麻木不仁。而且，大多數人都有是非對錯之心，知道甚麼是好、甚麼是壞。

但你會怎樣與人談論這一切，而不挑起對方的敵意呢？耶穌曾告誡我們，指控別人的，必會引起對方防衛和拒絕（「你們不要論斷人，免得你們被論斷」，參太七1～5）。無論如何，叫人知罪不是我們的責任，那是聖靈的工作（約十六8）。

我們可以做的，是分享自己的軟弱失敗：在何事上犯錯、跌倒，怎樣失敗和悖逆。不過有誰樂意談論自己的失敗和罪過？我就不樂意了！但是，惟有透過我們的坦白，別人才會開始明白犯罪、悔疚、饒恕是怎麼回事。我們願意道出自己的缺點，就能鼓勵對方談論他們的缺點。論到悔改，說出並承認自己的罪，是重要的一步。

一切罪都可以追溯至原罪：人背叛上帝，不行上帝的道路，偏行己路。不過，有時候要別人看見他們同樣在背叛上帝，是需要時間的。他們要覺察這點，可能需要經歷自己的失敗和過犯。

有很多詞語可以表達罪的意思，例如：**失敗、迷失、不符合、缺點、過失、不對勁、錯誤、冒犯、歪曲、不達標、不完美、犯法、邪惡、做錯、搞砸、背叛、傷害人、犯規**等等。也許你還可以想出一些詞語和短語來。在對談中使用上述詞語，加上你的坦誠，可以幫助對方看出自己的本相：是罪人，需要恩典與饒恕。

但究竟為甚麼要談論罪呢？今日世人都不相信有罪這回事了，何苦去攪擾人呢？單單談論上帝的愛不就夠了嗎？問題是，要談論福音，我們就必須談論罪。「基督為我們的罪受死」是聖經的核心信息。除非我們了解罪，否則不能了解十字架；除非我們了解十字架，否則不能真心把生命交託耶穌，更說不上悔改與蒙上帝饒恕了。

還有動機的問題。福音的精義在於選擇嶄新的生活與生命——成為基督的門徒，不再縱容自己，並且學習愛人。也就是說，福音的精義在於告別昔日被罪轄制的生命。**我們跟從耶穌，因為我們發現犯罪必須付出高昂的代價。**保羅提醒我們「罪的工價乃是死」。他又說「惟有上帝的恩賜，在我們的主基督耶穌裏，乃是永生」(羅六 23)。

換言之，我們選擇信耶穌，是因為一個迫切的需要或理由。人不會毫無緣由而改變的。所有改變都源於一個頓悟：發現了自己的真實面目、毫無虛飾的各種缺點；發現了人生意義遠超過追求安逸和舒適；發現了這世界在其中的痛苦、衝突及死亡裏的運作。

所以對談者面對的挑戰，是不用**罪**這個字去與人談論罪，並且使對方能夠發現自己的罪性及需要悔改。

要點：要談論福音，就要談論罪。不過罪這個字被人誤解太深了，我們必須用別的詞語去闡述罪的真義。但其實要明白罪的概念不會太難——難是難在要我們明白自己是罪人，需要被饒恕。幫助別人得到這頓悟的最好辦法，是向人坦白分享自己的罪過，自己也需要恩典，然後祈求聖靈叫人知罪。

• • •

真理：

如何應用？

（15／25／40 分鐘）

1. 討論罪的另一些說法，包括：

- 失敗、不能達到目標、沒盡責；
- 越軌、犯法、做錯；
- 悖逆、偏行己路、單單為己而活。

2. 不論以甚麼說法談及罪，究竟罪有甚麼不妥？罪的問題是甚麼？罪的結果是甚麼？

3. 你生命中有甚麼問題是可以坦然與人分享，以致可以鼓勵別人也分享他們的問題？

4. 你與對談伙伴討論，從中學習了甚麼功課？請一兩個組員分享。

行動 Practice

探討

找個晚上觀看電視節目，記下所有罪的例子（不論以甚麼形式呈現），包括集體的和個人的。依電視節目所言，「罪的工價」是甚麼？電視中人如何看待罪這回事以及他們自身的罪責？

• • •

行動：

如何實踐？

繼續對談，與對談伙伴分享你對罪的探討。請對方幫忙提供罪的各種例子及呈現的形式，可以從個人經驗和傳媒中找例子。類似以下的題目可以引發很好的討論：「我們這國家出了甚麼問題？」「道德的價值已經蕩然無存嗎？」

資源 Resources

為罪下定義

罪是其中一個我們不喜歡的詞語，而且我們經常誤解它的意思。很多時我們覺得罪就是大奸大惡的事，這固然沒錯，但罪其實遠遠比我們想像的普遍。這詞也指我們小奸小惡的罪行——無惡意的謊言、稍粗暴的行為、挺平常的敵意。**罪**這個詞其實涵蓋所有形式的過錯，或大或小、集體的或個人的、有意策劃或是無心之失。

罪不僅是犯錯（過犯），也是失敗（缺點）。罪不僅是我們做錯了甚麼，也是我們沒有做對甚麼。罪不僅是指壞事，也是指沒有做好事。

罪這個詞在聖經裏十分常見(大家都知道)。在英文裏，sin 是指向罪的單一獨特詞彙，但希臘文及希伯來文卻不然，當中有好幾個詞是指向罪的，它們都會被譯作 sin。然而，這些聖經用詞的意思都不離兩個意象：

- **過犯的意象**。犯罪就是越過藩籬，擅自闖入鄰舍的地土；是偷取別人的財物；是違背上帝要我們愛人的誡命。
- **過失的意象**。犯罪就像箭手向箭靶射箭，卻射不中靶心。所有箭都不中目標。從這個意義看，犯罪是活不出你渴望的純全生命；是沒有正確理解聖經對你的吩咐；是沒有注意到我們身旁飢餓和被剝削的人的需要。

就算我們不願承認自己犯下越軌之罪（因為我們已很努力遵從上帝的旨意），也應該會承認自己有應做而未做的過失（我們很清楚自己並非事事都做得對）。公禱書論及明知故犯的罪（sins of commission，即行惡）和知而未行的罪（sins of omission，即不行善）。罪是定意做錯、接受惡事、喜歡壞事。罪也是不行善、不做好事、不分善惡。

要成長，就要將犯罪這回事改變過來。頓悟的精義，在於認出自己的罪。悔改的精義，在於決定對付自己的罪。成長的精義，在於努力脫離自己的罪（儘我們所能）。

• • •

上帝與罪

論到罪，還有一點需要指出。在上帝眼中，罪不僅是無心之失或可理解的過錯。罪是非常嚴肅的事情。罪使我們與上帝隔絕。因此耶穌要來到人間，解決罪的問題。這是耶穌死的原因。祂的死，為我們付了罪的贖價。祂的死，為我們開啟了人回歸神家的道路。有很多理論解釋耶穌的死如何產生這功效，但我們真正需要知道和相信的，是「惟有基督在我們還作罪人的時候為我們死，上帝的愛就在此向我們顯明了」（羅五 8）。

還有一事：悔改之所以可能，全在於有獲饒恕的保證。耶穌為我們受死，使饒恕成為可能。除非我們知道自己所找到並名之為罪的事會得到饒恕，否則我們不會檢視自己的生命。但因著我們有獲饒恕的保證，就可以敞開心窗，認識自己的本相，亦因此能夠繼續成長，邁向完全。[1]

註釋

1. 取自 Richard Peace, *Spiritual Transformation: Taking on the Character of Christ*, 48 ~ 49。Copyright © 1997 by Richard Peace.

第 7 課
談論悔改

生活 Life

故事：

抉擇

（5 分鐘）

你知道自己的生命一塌糊塗、無可救藥，這是好的。你希望出去服務人羣，從而找到自己生命的目標和滿足感，這也是好的。可是，單單知道你是誰、你需要甚麼，是不夠的。你還要多走一步：你必須行動。**有了頓悟，還必須作出抉擇。**

康妮（Connie）是個酒鬼。她知道。她的家人也知道。人人都知道。但這並不能制止她不再喝酒。東尼（Tony）參加過無數教導人尋找和滿足內心渴求的研討會。對內在生命，他知得夠多了，但他的人生似乎沒有因此得到很大的改變。套用他自己的話，他仍然覺得自己與「現況」格格不入。

康妮與東尼都需要**悔改**。悔改是作出抉擇，不再走在自毀或自欺的路上，並回轉，開始走通往整全與委身的新道路。

悔改是頓悟後的第一步。就是說：「好吧，我知道我必須改變，我要離開這種自毀與自欺的生活。我要離棄罪惡，開始轉去跟從耶穌。」

定意回轉，選擇新路（悔改），是影響深遠的抉擇，但我們不能單靠自己作出這抉擇。

真正的悔改，與新年立志的決心有何分別？答案在於聖靈。人不可能歸信，除非聖靈在人的心思意念中動工。否則那不過是強迫入教或洗腦而已。況且，這樣的改變不會持久。真正的歸信，自始至終都有聖靈的參與：讓人頓悟自己的罪和需要，催促人悔改，賜予信心，並帶來新生，從而轉化生命。

在佈道對談中，我們要談論悔改，但**悔改**是頗為突兀的詞語，在日常生活中很少聽到。不過，悔改的概念是人所熟知的。悔改的精義是**改變我們的意念，決定**放棄壞行為，培養好行為，譬如說決定戒煙，開始康健的新生活。因此我們不使用悔改一詞，也可以談論悔改。把神學詞語轉化為日常用語，就是這麼一回事。

• • •

生活：
如何經歷？
（20／25／40 分鐘）

1. 分享一個你自己的悔改經歷：你如何面對自己的某個醜陋

真相，又如何立志去改善？

2. 列舉所有你想到的「悔改立志」的例子，就是在平常的情境中作出要做得更好的選擇，譬如成為更好的父母或捐錢給無家可歸的人。

3. 聖靈如何在人的心思意念中動工，讓人願意改變？這方面你有甚麼經驗？

真理 Truth

概念：

為悔改下定義

（5 分鐘）

悔改不是我們的日常用語，這詞聽起來有點古老，好像來自中世紀教會，又或來自奮興佈道家的帳幕與木屑路徑

（sawdust trail；編按：佈道家的帳幕的路徑會鋪上木屑以減低腳步聲，決志者需踏上這路到台前寫決志卡，因此這詞組亦有悔改之途或歸信之途的意思。）。人的腦海裏可能會泛起這樣的圖象：一個身穿長袍、手持標語的男人，大聲喊著說：「你們要悔改！世界末日到了！」但其實在聖經中，**悔改**是個很值得我們重視的詞語，在舊約中出現了不下數百次（通常與以色列民有關），在新約中也出現了幾十次。

悔改的意思是「改變心意」，就是這麼簡單。這改變必須與上帝有關。悔改就是改變你對「在與上帝的關係中如何過活」的想法。悔改是明白到自己的一切都不妥當，並沒有走在上帝的道路上。悔改是定意改變那狀況，回轉，重新走在上帝的道路上。

當然，除非我們先**看見**自己生命中的問題，否則難以悔改。在我們改變對自己**行為**的想法之前，必須先看見自己的所作所為是錯誤的、敷衍的、馬虎的、欠佳的。在我們改變自己的**念頭**之前，必須先明白這些念頭是錯誤的。在我們採納新的**態度**之前，必須先接受自己的舊態度是不妥的。所以說，悔改是從**頓悟**開始。

頓悟有好幾個來源：有時是朋友的評語觸發我們作出自我反省；有時是看了一本書或一套電影，從中看到自己的影子；有時是從反面教材（「我不願意像他！」）而來；有時是內心渴求改善或改變；有時是因為對現況不滿。

要發現真我，一點也不容易。我們一生都在建構一些攔阻，不容自己「看見」。所以關鍵是，有甚麼辦法可以幫助人清楚看見？某程度來說，這是沒有辦法的。我們要看見自己的真我，已是耗盡九牛二虎之力了。而且，聖經也提醒我們一個隱患：我們看得見別人眼中的刺，卻看不見自己眼中的梁木！不過，若我們眼見朋友耽於自毀的行為，為了他們的益處，我們會渴求他們醒覺，回頭且改變。

如何以對方能明白的方式談論悔改？這是我們作見證時必然遇到的難關。

其實，**悔改**一詞雖然突兀，又不常見，但意思卻一點也不難明白。悔改關乎「改變心意」——關乎在與上帝的關係中我們如何過活。要向人解釋這個，其實很容易。

我們也可以用一些比喻來解釋，譬如有個小故事，講述一個無法無天的中學生，喝酒又嗑藥，直至他因醉酒駕駛撞死了一個同學，他就痛改前非，去了做供膳計劃的義工。你知道我指的是甚麼故事。資源環節裏題為「小心駕駛」的故事（頁 107），就是關於悔改的比喻。

談論悔改的最佳方式，可能就是講述你自己的故事：你如何決定不再________（請填寫），而轉去________（請填寫）。為了新的生活，選擇新的路向，這樣的親身經歷，是很有力的見證。

要點：歸信的第一步，就是洞察自己與上帝的關係，又或是看清楚自己與上帝根本沒有關係可言。但僅僅知道是不夠的，我們還需要行動。我們必須悔改，就是決定不再遠離上帝的道路，好好跟從耶穌。通常人覺得自己需要悔改，是因為聽了別人講述他們如何醒悟過來，決定過新生活。這再次說明，坦誠相待是佈道對談的鑰匙。

• • •

真理：

如何應用？

（15／25／40 分鐘）

1. 怎樣方可為他人帶來頓悟，引發生命改變？

2. 對東尼和康妮，你有甚麼話想說？

3. 有甚麼比喻、例證、歌曲、電影或藝術作品可以說明悔改的意思？

4. 與對談伙伴的討論中，你學習了甚麼功課？請兩三個組員分享。

行動 Practice

探討

以悔改為題，寫一個故事、一首詩、或一首歌，或研究一個例證。可參看資源環節中的例子。

• • •

行動：

如何實踐？

問你的朋友他們聽到**悔改**一詞時，會有甚麼聯想。大家討論一下。講述你自己的悔改故事，可以是為小事悔改，也可以是重大的悔改，視乎你和你朋友的交情如何。

Resources

「小心駕駛」：一個關於悔改的比喻

其實我也不想一直撞到人家的，嗯，尷尬嘛。要對人家說「不好意思」，要替他們拍掉身上的塵土，從地上拉他們起來。有時他們還會受傷，甚至重傷呢！記得有一次我看見一個中年男人，一派行政人員的模樣（深灰色細條紋西裝，真皮公事包），在行人過路處中間看著另一方向，盯著一個美女或甚麼，我就把他撞倒了。他跌得很傷，結果手臂骨折了。天曉得，原來他是個律師！於是把我告上法庭。

結果，我近日把車子開得很慢，又小心駕駛，儘量不撞到人或物、或其他汽車。可是，難啊⋯⋯要回頭看道路情況，把車子開成直線，同時踏油門，還有煞車——開倒車實在不簡單。

當然這一切都可以改變。起碼我朋友民祖（Mitchell）說我可以改變。他有這個奇怪的想法（嘿，他的奇怪想法可多呢！不過，他真是一個好人），說我不必一生都開倒車。他甚至說，我們根本不應該整天開倒車，因為原本的計劃是人人都向前走的——老實說，我不大相信民祖的話，不過嘛，我向來對隱喻沒有甚麼興趣。

我問民祖他這想法何來，他告訴我有這麼一班人，他們相信人應該向前走。這班人就像一個社團，每個禮拜都聚會。他們花很多時間談論「向前」生活的事，甚至派發單張給其他人講述這事，民祖就曾經給我一張這樣的單張。不管怎樣，很久以前有些人首先想出這種向前的生活，並創辦了這社團。

我對民祖說：「算了吧！人為甚麼要向前走呢？如果上帝的意思是要我們向前走，祂就不會造出倒車的排檔啊！」但我猜民祖早已料到我會這樣說，因為他回應我說，如果我有留意的話，就會發現我的車子除了一個倒車排檔，還有三個向前走的排檔呢。他又說，按他的經驗，向前開車容易得多了，可以開得很快，而且不會像平常那樣撞到人。

我不得不承認民祖的話有道理。我其實也不喜歡自己的所作所為，以及對人的傷害。所以，也許⋯⋯也許吧，我**會**回轉，轉到相反的方向重新開始。很難說，但是，起碼我會考慮一下。與此同時，我正在看民祖送給我的一本小書，那書記載了那個創立社團的人的話，寫得很精彩。很難說，也許，這當中真有甚麼道理吧。這個耶穌，他的話似乎是挺有意思的。[1]

註釋

1. 這個比喻的靈感來自我以前一個學生 W. Mitchell Beddingfield，他在一篇功課中用了開倒車的構思。

第 8 課
談論認罪

生活
Life

故事：

說出我們的問題

（5 分鐘）

一個人究竟是真心悔改，還是打著如意算盤，通常是看他有否認罪。

記得上一章的康妮和東尼嗎？康妮是個酒鬼，東尼是個不滿足的男人。

對康妮來說，真正的改變**不是**再告訴自己**這次**她真的會戒酒了。她已經試過太多次（而她也真的試過滴酒不沾，可惜只維持了四個月）。不！這次真的不同了，因為她加入了一個戒酒無名會（Alcoholics Anonymous）的小組，換言之，她承認了自己是個酗酒的人。她在小組聚會中對眾人說：「大家好，我名叫康妮，我是個酒鬼。」她也有個支持者，可以讓她在情況艱難時有個打電話傾訴和求助的對象。她也向上帝承認自己是個酒鬼，渴望戒除酒癮。簡言之，與以前所不同者，這次她承認自己有問題，並著手解決，進行戒酒無名會的十二步戒酒計劃。

換言之，她承認自己無力抗拒酒癮，生活已是失控(第一步)。她相信上帝可以幫她回復正常(第二步)。她定意把自己的意志與生命交託上帝(第三步)。她坦然無懼地記下自己的過犯，然後向上帝、向自己及其他人承認自己過錯的真正本質(第四、五步)。她容讓上帝改變她，並求上帝動工(第六、七步)。**換言之，康妮要接受自己的真實情況，並要認罪，憑著悔改與信心把問題交給上帝。**

注意：認罪是十二步計劃的關鍵。還有，這十二個步驟是否似曾相識？其實一點也不出奇，因為十二步計劃根本來自新約聖經的轉化原則。

對東尼來說，他的改變始自他放下自己的驕傲與能力。這是指他承認(認罪)不能靠自己尋獲人生意義，不管他參加多少個工作坊，不管他聽多少個大師演講，都不能為他帶來人生意義。他必須放手，讓上帝作成此事。於是東尼向上帝敞開心門，承認自己無能為力，也向在屬靈旅程上與他同行的朋友敞開心門。他祈禱說：「好吧，上帝，祢想怎樣就怎樣吧！惟願祢的旨意，不是我的，行在我身上！我願意跟從耶穌！」東尼也把這想法告訴別人(認罪)。要他這樣做是件難事，因為他畢竟上了許多課程，他在自己的生活圈子裏儼然是半個師傅。順帶一提，東尼所學的如今對他彷彿有了新的意義。他以前好像站在門外衡量門內的事；如今踏進門內了，而且讓門內的事衡量他。

認罪是歸信的重要一步。**認罪是悔改的具體實現。**

但怎樣與人談論認罪？肯定的是你不應該對朋友說：「我發現你生命中有這些那些問題！你必須說出這些問題來，向上帝悔改，求上帝饒恕。」你的朋友會回應道：「你是誰！竟敢說我的生命出了問題？」也許你根本不想直接談及認罪。更有用的方法，是分享你自己生命中的問題，以及認罪對你生命的功效。換言之，你要向朋友示範認罪是怎麼回事，而不是僅僅談論認罪。你朋友如何回應，那是他／她的事，但藉著你的坦誠分享，你是向他發出邀請，邀請他向你敞開心窗。

• • •

生活：

如何經歷？

（20／25／40分鐘）

1. 承認（自己的罪、需要與渴求）在你歸信並跟從基督上有甚麼作用？

2. 我們今日的社會比以前更慣於認罪。在彼此間、電視上、書本裏和諸如此類的事上，人們會認甚麼罪？這對我們敞開心門，有甚麼幫助或阻礙？

3. 你成了基督徒後，你首先告訴誰？請描述那次經驗。（這就是認罪的積極意義。）

真理 Truth

概念：

看到，說出，承認

（5 分鐘）

看到問題是一回事，面對問題是另一回事。悔改的動力涉及二事：說出、認罪。

我們不算「看到」某事，除非我們能夠說出那事。譬如說，我們可能覺得與某人的關係出了問題，但除非我們願意承認這是我的問題（且不管其他），及這與我的怒氣（或別的甚麼）有關；否則，事情不會有任何改變。**悔改始於頓悟，頓悟驅使人說出問題。**

說出問題，能釋放出極大的力量與自由。除非我們說出問題，否則問題就仍然隱藏在黑暗中。說出問題，就是把那問題移放在光明中。把問題移放在光明中，就會減少那問題對我們的轄制。這是很重要的新約聖經原則。約翰壹書提到我們要行在光明中。

我們從親身體驗裏曉得這是真的。我們若否認問題存在，那問題就可以轄制我們。試試問一個剛戒酒的人吧，他（或她）以前總是開始不了戒酒的療程，直到他願意站在眾人面前說：「大家好，我叫阿標（Bill），我是個酒鬼。」這個原則也適用於我們這議題。除非我們能夠說出自己有何過錯，否則是在逃避面對那個過錯。

我們要在人前說出來。我們要說給別人聽。神學用語稱之為**認罪**。認罪是基督教要理，是得醫治的重要一步（雅五 16）。

我們要向自己、向上帝承認自己的罪與需要。我們可能也要向一些人（至親的人或因我們的問題被傷害的人）承認過錯。我們不是僅僅認罪，還要懇求饒恕（求上帝饒恕、也求人饒恕）。懇求饒恕是悔改的重要一步。這樣認罪會帶來極大的釋放與自由，因為我們發現自己不再被罪捆綁。我們已面對那問題。新生命有機會開始了。

我們也要承認自己信耶穌。承認罪過是消極的認罪（說不）。承認基督則是這過程積極的一面（說是）。承認罪過與承認基督是在基督裏的新生命所必需的。

在歸信的過程中，悔改原是這麼回事：我們覺察自己離棄了上帝（頓悟）；不管我們是如何看見的，我們認出那問題並為之命名（說出）；我們向上帝、向人承認過錯，尋求饒恕（認罪）。如果悔改是在首度相信耶穌時發生，那就是歸信的經驗。就是這麼簡單——又這麼不簡單。

饒有意思的是，我們信耶穌的方法（藉著悔改），也是我們在基督裏成長的方法（藉著不斷說出和承認我們的問題）。因此，我們（在傳福音時）要求別人做的事，也是我們要求自己做的事，因為我們體驗了不斷悔改所帶來的能力。

要點：認罪是悔改的重要部分。不然，悔改不過是頭腦上的事。聖靈賜我們力量向上帝和人承認過錯，並求上帝赦罪、賜新生。看到別人願意敞開心門，承認他們的問題，這樣的經驗給我們效法的自由和力量。在佈道對談中，我們都需要坦白且誠實。

• • •

真理：

如何應用？

（15／25／40 分鐘）

1. 康妮和東尼的故事如何説明認罪的動力？兩個故事有何類同？有何差異？

2. 有何方法使你在生活裏更懂得去認罪？這樣對你的佈道對談有何助益？

3. 論到你跟各人的關係，你對誰最坦白？若你要跟這人承認自己的過犯，甚麼是合宜的界線呢？

4. 在與對談伙伴的討論中，你學了甚麼功課？請一兩個組員分享。

行動 Practice

探討

回顧你一生中的重大轉捩點，找出頓悟、悔改、認信及信心在其上的作用。想想可以怎樣在佈道對談中分享這些故事。

• • •

行動：

如何實踐？

你有甚麼要向對談伙伴承認嗎？怎樣可以幫助對方敞開心門，坦白分享他／她生命裏的需要和渴求？

Resources

認罪的力量

認罪是悔改的一部分，它是悔改的公開一面——把內在那改變的決定公諸於世。我們把對自己的看法，和我們想怎樣改變，告訴別人。從這一點來看，認罪是非常重要的事。我們若不認罪，悔改只存留心中，改變的動力也被澆熄，因為我們不能引進別人的幫助和參與。

• • •

說出的力量

我們要與人談論自己的問題，就要先把問題說出來。其實，僅僅把問題說出來，這行動已蘊含莫大的能力。我們的問題若存留在黑暗中，如霧一般無形無狀，它就會繼續轄制著我們。但如果我們把問題移放在光明中，把問題說出來，轄制的力量就會開始消散。我們若不坐言起行，勇敢面對，把問題說出來，就不能成長。事實就是這麼簡單。

聖經對各式各樣困擾我們的罪，有許多的形容。十誡吩咐我們：一、不可有別的神；二、不可為上帝造像；三、不可妄稱上帝的名；四、當記念安息日，守為聖日；五、當孝敬父母；六、不可殺人；七、不可姦淫；八、不可偷盜；九、不可作假見證陷害人；十、不可貪戀別人的財物或配偶。

十誡是最基本的指引，告訴我們甚麼可做、甚麼不可做。新約聖經記述耶穌給我們大誡命：我們當愛上帝、愛人，如同愛自己一般。按新約聖經的說法，罪就是未能去愛。

在初代教會之後，有當時所關注的所謂「七宗罪」。起初包括嫉妒、忿怒、驕傲、怠惰、貪婪、貪食、淫慾。其後還加了通姦、沮喪、虛榮。

當代聞名的精神科醫生卡爾·門寧格（Karl Menninger），大致按七宗罪把各種罪分類，計有：顯出驕傲的罪（因權勢、學識、品行而生的驕傲）；好色的罪（淫慾、通姦、姦淫、使用色情物品）；貪食的罪（食物、飲料、藥物）；忿怒、動粗、侵犯的罪；怠惰的罪（懶散、冷漠、停滯、麻木）；嫉妒、貪心、貪婪、斂財的罪；浪費、欺詐、偷盜的罪；說謊的罪；殘忍的罪。[1] 如果你仍覺得不夠概括，還可加上蒙騙、傲慢、不忠、不誠實、監守自盜、虛偽、剝削、憎恨、報復、偏執，以及種族歧視、性別歧視、盲目狂熱。

上述的罪許多都是故意悖逆的行為，是明知故犯。相對來說，「知而未行的罪」種類少得多。然而，我們的行為在許多方面都是不達標的：我們未能盡心去愛（愛心不夠是人生許多問題的根本原因）。我們未能看清楚我們生命的真相。我們未能盡用上帝賜的潛能。我們未能發揮恩賜。我們未能及時幫助別人。我們未能留意上帝。我們欠缺勇氣，欠缺憐憫，欠缺活力，欠缺膽量⋯⋯諸如此類。

困擾我們的還有各樣的**不足**：太少頓悟，太少愛心，太少憐憫，太少動力，太少細心。還有許多人際關係的罪：煩躁、忿怒、嫉妒、論斷、狂妄、自高等。

不過這裏的重點不是把罪名說出來，而是準確地指認出生命中必須成長的部分。罪名不過是指示牌，幫助我們明白自己的問題，也讓我們能夠準確地說出困擾我們的是甚麼。

• • •

否認的力量

本章一開始就提到我們要向自己、向上帝說出自己的問題，但這可以是極之困難的事。如果問題只是拿與朋友之間的故事來開開玩笑，或在應要寫報告的時間玩電腦遊戲之類，這都不算甚麼。通常我們會願意承認一些小錯失，因為不會帶來甚麼嚴重後果。但如果是重大過錯，譬如改不了的自大或對配偶不忠，就不那麼容易承認了。我們會疾聲大呼：「我不是這樣的人！」好像把問題藏在黑暗中，就會自然消失。

其實我們都很抗拒認罪。我們都不願意認罪。一般來說，要承認自己和世人一樣是罪人，這還容易接受。但要說出自己犯了某罪——嘿，這是兩碼子事。我們會問自己：「真的有需要認罪？」我們會退縮。我們會轉換話題。我們會魂遊象外。

這其實是否認，就是拒絕承認問題存在。否認是隱瞞，躲藏，逃避問題，假裝問題不存在，總之就是不肯承認。我們對自己說：「我就是說不出口，這不是我的作風。」

否認有許多形式：

- 淡化：「問題其實不是那麼嚴重。」
- 推搪：「如果你知道我的艱難，你就會明白了。」
- 逃避：「算了吧。你有沒有聽人家說……」
- 狡辯：「讓我解釋一下為甚麼這不算甚麼問題吧。」
- 藉口：「我猜我不過想輕鬆一下吧。」
- 指控：「你關心你自己的問題吧！」
- 比較：「我不比她差。」
- 躲藏：「我沒有做這事。你是從哪裏聽來這事的？」

要識破否認，面對現實，實在是難事。有時真的需要接受專業人員幫助，才能夠把諸般的否認找出來。不過最重要的，是知道上帝愛我們，願意我們成長；祂要饒恕我們，而非定我們的罪。而且，除非我們承認自己的罪過，否則生命會停滯不前，對我們有損無益。

• • •

其他人的力量

然而，為何要向人承認自己的短處？為何不把問題藏在心中就算？我們的天性肯定是把問題藏起來就算。這是很重要的問題。

這當中涉及幾個原則。首先，向人說出自己的問題，就是把問題公開。問題擺在人前了，我們就會有決心處理。就算人家不要求我們負責（譬如提醒我們曾經說過會面對問題），我們也會自覺要負責。我們會付諸行動，不會輕言放棄。其次，朋友不會放過我們（若我們允許的話），他們會盡力幫助我們面對問題，聆聽我們在面對問題時所遇見的掙扎。他們會與我們一起禱告，為我們呼求上帝幫助。改變斷不是獨力支撐的事，而應該是羣體的事。我們互相幫助，這是基督徒羣體的精義：一羣得醫治的罪人，彼此幫助，務求人人都與基督的形象相似。無怪乎使徒雅各吩咐我們要「彼此認罪，互相代求，使你們可以得醫治」（雅五16）。

我們應該向誰說出問題呢？有兩個對象是肯定的，一是自己，二是上帝。有時這樣做就已經夠了。我們經歷了上帝的饒恕、指引、能力，就會一步步地摒棄舊的行為、態度或想法，生命改變一新。不過有時僅僅這樣做是不夠的，我們還要向合宜的人說出問題。誰是合宜的人，要看具體情況。有時從最親近的人開始：配偶，然後是子女、家人、朋友，一層層地往外擴散。有趣的是，有時方向是倒轉的：毫不相干的酒保或理髮師反而聽我們傾訴得最多。也許正因為他們與我們的生活圈子不相干，反而叫我們安心。

有時我們需要專業人員（教牧輔導員、治療師或其他受訓的專業人員）來幫助我們了解情況。只要不會傷害對方，有時更要考慮向被我們得罪了（或傷害了）的人認罪。另有一些時候，我們要向關懷我們的小組組員交代，說出我們的故事。如果我們的罪是公開的事（或與公眾有關的），就可能要向大眾承認了。

原則是清楚的：我們的悔改要從內至外，從而得著改變的能力；這改變能力來自那些知道我們的掙扎，向我們付出愛心與關懷的人。[2]

註釋

1. Karl Menninger, *Whatever Became of Sin?*（New York, NY: Hawthorn, 1973）, chap. 8.
2. 這部分改寫自以下這書第七章，Richard Peace, *Spiritual Transformation*, 60 ~ 63。Copyright © 1997 by Richard Peace.

第 9 課
談論相信

生活 Life

故事：

在後現代世界中，不太容易相信

（5 分鐘）

要歸信，不僅要有信心，還要悔改。單單承認自己的罪、需要、渴求、失敗，甚或追尋人生意義，仍然是不足夠的。這不過是起點。我們必須從內向的、對自我真相的醒覺，轉移到外向的、對耶穌拯救的呼求。「轉向耶穌」才是信。

但在今日這個對真理本身也存疑的後現代世界，信心（或相信）實在是一道難題。我們已不相信世上有一宏大的真理可以涵蓋一切事物，解釋實存真相，且是我們可藉以得救的。對許多人來說，**不確定**是比信更合理的選擇。

然而，我們要信才可以進到上帝面前。我們要信上帝是真實的、有位格的（而不是一股力量），且是參與這世界的。我們要信這位全能的上帝愛我們——在祂眼中我們不是隨隨便便的一件受造物，而是一個獨特的男人或女人、有名有姓、存活於特定的歷史時刻之中。我們被召相信耶穌是上帝的兒子：祂是與我們同在的上帝，為我們受死（使我們罪得赦免），並且從死裏復活的那一位。我們不但獲邀相信耶穌為我們的罪死，也獲邀相信祂從死裏復活，為我們帶來新生命。

阿唐（Don）其實願意信耶穌，但又覺得很困難。他和妻子參加教會聚會一段時日了，感覺很不錯。他們喜歡教會的人，也喜歡教會對他人所行的善事，不論是對他們的兒女，還是對他們的社區。這一切的關懷行動是出於教會為遵行上帝旨意而做的，這令阿唐欽佩不已。然而，關於耶穌和跟從耶穌的教導，阿唐還不大接受。

阿唐忖度：**如果耶穌真是道成肉身的上帝就好了，但是，現代人怎能相信這樣的事？**他知道自己不能真心相信一些心存疑惑的事。基督信仰是真的嗎？阿唐曾看過所謂的耶穌復活的歷史證據。如果耶穌真的曾經從死裏復活，那麼所有看起來不可能的聲稱就漸次清晰。再者，復活的證據看來又真是十分確鑿。不過，上帝為甚麼不就此顯現在我們面前，一如以往，清清楚楚、無可置疑地顯示祂自己呢？[1]

阿唐的教會朋友回應說：「上帝已經藉著耶穌顯現在我們面前啊。上帝藉著受造之物也顯明祂的存在。你看看這世界，到處都是上帝留下的足印啊！」他們又提到上帝回應禱告，還有一些他們的特殊經歷，是累積下來不可能是偶然發生的。阿唐願意親身經驗上帝，但要他信上帝就很難。

我們該如何跟像阿唐這樣的人對談呢？

最重要的是明白我們其實不能說服任何人去信耶穌。惟有聖靈可以叫人的心知罪。我們可以做的，是與人談論信仰的**可信性**（plausibility；甚麼促使我們相信上帝）和**經驗**（我們怎樣認識上帝）。然後放下這事，默默與我們的朋友同行，向他們付出愛，為他們禱告，求聖靈引領他們歸信耶穌。

• • •

生活：

如何經歷？

（20／25／40 分鐘）

1. 論到基督信仰，你的核心信念是甚麼？

2. 在你的圈子裏、你所認識的人中，是甚麼攔阻人信基督？為甚麼人們難以接受信仰？你自己又為甚麼會信呢？

3. 在歸信一事上，你曾面對甚麼掙扎？你如今又面對甚麼掙扎？

真理 Truth

概念：

信心：知識、信任、委身

（5分鐘）

新約聖經的歸信方程式是：悔改＋信＝歸信。沒有信，就不可能歸信。

在新約聖經中，**信心**（名詞）與**相信**（動詞）包含三方面：認知的、情感的、行為的。信是我們所持定為真確的（知識）、所感的（信任），以及所行的（委身）某些事物。

新約所說的信心是始於知識的。論到歸信，我們是相信關於自己和耶穌的一些事。我們相信自己是上帝的逆子：迷失、偏離正道，而且忤逆。我們相信耶穌是道路，讓我們回到上帝面前。我們相信耶穌是上帝的兒子，為我們的罪死，且從死裏復活，為我們帶來新生命。我們不能歸向耶穌，除非我們相信祂。我們不會歸向耶穌，除非我們相信自己與上帝隔絕，需要回到上帝面前。換言之，信心始於**信念**——我們的心確信某些事是真的（即使我們不完全明白那些事）。

然後我們把信念化為信任。信任就是按我們所持定為真確的認識，自願地投向上帝。**信任**涉及關係，存在於人與人之間。我們不但相信耶穌為我們的罪死，也信任祂，把生命付託祂。套用一個常被引用的例子：我們不但相信那位舉世知名的走鋼索藝人，可以在鋼索上用手推車載人安全橫越尼亞加拉瀑布（Niagara Falls），我們更願意坐在那輛手推車上。

因為我們信任，所以付諸行動。我們把生命獻給耶穌。我們以所相信的為行動之基礎。因為我們相信耶穌是祂所宣稱的那一位（知識），也因為我們向耶穌敞開心門，與祂相交（信任），所以我們主動地跟從耶穌（委身）。我們就此捨棄自我中心的生活態度，矢志按耶穌給我們的呼召去生活。換言之，我們按照所相信的和所信任的去行動。**新約聖經所說的信心，是全人之信。**

在日常生活中，我們不時會提到**信**這個字，但若與新約聖經所論到的**信**相比，日常的遣詞用字便顯得蒼白乏力。平常我們說「請信我」，意思不過是：「請信任我，雖然我曾叫你失望，而你又覺得我會再次叫你失望。」**新約聖經對信心的定義積極得多：因為我們相信耶穌是祂所宣稱的那一位，所以願意按照這個事實去獻上生命。我們樂意信任祂，委身於祂，對祂忠心不二。**

對今日的人來說，上述說法合情合理。相信是重要的，信任也不可少，而按信念而行更是為人貫徹始終的標記。問題是，當我們不相信有絕對真理（或即使相信有絕對真理，也無從得知），我們便不知道該信甚麼。這真是個疑難。我們所能寄予的最大希望，就是向世人顯明我們的信仰的可信性，然後好好生活，表裏一致，讓人看見我們的信仰所結的果子。

要點：談論信，是佈道對談的重要部分。我們必須明白，新約聖經所說的信心（知識、信任、委身），與世人所理解的信心（並非總是與事實相符的不確定信念），是不同的兩回事。信耶穌是涉及全人的，包括我們的意念、心思及順從。

• • •

真理：
如何應用？
（15／25／40分鐘）

1. 信耶穌，對你是誰，你相信甚麼，怎樣信任，及怎樣生活為人，有甚麼影響？這些改變怎樣成為你與人對談的材料？

2. 一起討論在新約聖經和日常對話中**信心**一詞的用法有何不同。我們怎樣幫助人看清這兩種不同的理解？我們可以如何用世人眼中的信去談論對耶穌的信？

3. 驗證（proof）與可信性（plausibility）有何分別？證據（evidence）與迹象（indicators）有何分別？

4. 對於你的生活和你的信仰，你向對談伙伴有多坦白？分享你們的經驗。

行動 Practice

探討

繼續反省你的信仰引起甚麼生命改變。想想你相信甚麼，又為何相信；想想你如果不信主，生活會有甚麼不同。知識、信任、委身是怎樣交織在你的生命中？在你一生中有何事可以表明你相信甚麼，並這信念如何影響你？

• • •

行動：

如何實踐？

向你的對談伙伴分享你的信仰如何改變你的生命。

資源 Resources

相信與輕信

我們邀請朋友信耶穌，他們可能會有這樣的掙扎：「我們怎樣知道這些事是真的？耶穌的自我宣稱有甚麼證據？」按照問者的心態，我們可以有兩個答法。

對一些人來說（尤其是老一輩的），他們需要的是證據。「我要的是事實，你告訴我事實就行了。」那就給他們講事實吧。基督教的護教書多得很，代基督教進行辯解。可以給他們讀斯托得的《真理的尋索》。[2]這本書出版好多年了，已售出超過二百五十萬冊，很明顯對很多人有助益。斯托得這本書為相信耶穌提出的論據甚具影響力和說服力。書中論點值得我們好好學習，在與人交談時好好運用。

另一些人要憑自己的經驗去驗證福音真理，這類人（我們可稱之為後現代主義者）懷疑一切類型的真理宣稱，認為真相是因人而異的。對這類人，我們可以做兩件事。第一，邀請他們加入你的信仰羣體，在主日崇拜中親身經歷上帝，與你一起研讀聖經，參與你的服事，與你一起接觸其他人。他們所需要的真相，是上帝子民這羣體的真實樣子。第二，邀請他們試著信靠耶穌，看會有甚麼事發生。邀請他們事無大小都交託耶穌。邀請他們禱告。邀請他們讀聖經福音書，親身去看耶穌的故事。邀請他們在生活中做試驗，試試你所講、所經歷的生活有多真實。

有人給**信心**下定義為「相信明知是不真之事」。不過，今日已較少聽到這說法了，因為人人都知道現實不是單由我們眼所見、手所摸、耳所聽的一切來界定。單是當代物理學已將真實的界限推越到實證經驗以外。話雖如此，我們斷不能把信仰建基在疑似虛構的事物之上——即使那是一個教我們安心的宗教騙局。後現代主義者對真實事物還是感興趣的。因此，我們要陪伴朋友一起去努力求真。

註釋

1. 以性別中立的語言談論上帝甚富挑戰性。我的折中方法是指稱上帝時儘可能不使用代名詞。但若太困難，我會使用男性代名詞，因它引起較少注意。對你的對談伙伴而言，這或許是（也或許不是）個大問題。與別人談論這問題就是最好的解決辦法。（編按：由於英文代名詞 he 和 she 具有性別之分，因此作者有這方面的考慮。中文則以「祂」來作為上帝的代名詞，而不用「他」或「她」。）
2. John Stott, *Basic Christianity* (Downers Grove, IL: InterVarsity Press, 1959) .

第 10 課
談論信耶穌

生活 Life

故事：

為何相信耶穌？

（5 分鐘）

基督信仰，不是一般的信仰。僅僅「相信」是不夠的。我們在日常生活中，往往相信許多無關痛癢之事。歸信，是**信耶穌**。重要的不僅是我們有信仰，還要看我們信仰的內容是甚麼。

為甚麼是耶穌？為甚麼不是佛陀？為甚麼不信人性本善或愛的力量？為甚麼要如此明確？

赫蒂（Hetty）相信很多事。她相信上帝愛她，因而她在今生有特殊的使命，上帝的能力與愛充滿地球，而人世間最重要的事就是行善與愛人。她還相信許多別的事。不過有一件事她是**不**相信的：她不相信耶穌是獨一無二的神子，降世拯救失喪的子民。她覺得這樣的信仰太狹隘、排除異己。

她的基督徒朋友告訴她，信耶穌不過是校正思想，接受真相而已。他們説耶穌愛每一個人，願意人人都成為上帝國的子民。

她回答說：「是嗎？謝謝你的好意。但我還是喜歡按自己的方式行事。」

然而耶穌是與眾不同的。祂不單是又一個教授智慧與真理的宗教領袖。祂聲稱自己是上帝的獨生子。這個「神子」的稱謂，其意思斷不是我們各人都是上帝的子女那種意思，而是上帝降臨世間、道成肉身：本是萬有的主、全能的上帝，卻取了人的樣式，成為人。耶穌聲稱自己有赦罪的權柄，又能賜我們永生。再者，耶穌是永活的，我們可以與祂建立關係。這種關係是真實的、直接的、能帶來改變的。我們可以認識耶穌，也因這經驗得以改變。

所以，問題是我們如何按照新約聖經提供的整全方法來信耶穌？專心信靠耶穌是甚麼意思？我們要決意相信甚麼？怎樣可以全心信任耶穌？委身於耶穌是怎麼回事？

當然，我們的挑戰，是與人談論上述的事。難處在於要按我們所真知道並真相信的去與人分享，卻不予人教條主義、不容異說、沒有愛心的感覺。佈道對談的目標，不是質詢人家所相信的，而是清楚、有説服力、言之成理地，向人闡明自己信耶穌是信些甚麼。

• • •

生活：

如何經歷？

（20 ／ 25 ／ 40 分鐘）

1. 你在何時信耶穌？你的生命因此有何改變？

2. 探究我們的社會令人抗拒相信耶穌的原由。我們怎樣可以與人談論信耶穌，而不讓人覺得我們強詞奪理或咄咄逼人？

3. 你的朋友相信何人？為甚麼？

真理 Truth

概念：

怎樣信耶穌？

（5分鐘）

我們懇請人「信耶穌」，到底是甚麼意思？我們在第九章講過「信」了，但「信耶穌」又如何？信是重要，但更重要的，是我們信的對象。重要的不但是信，更是信甚麼或信誰。信不是抽象的「感覺」（這是流行文化的誤解）。信是有方向的。信**耶穌**是成為基督徒的精義所在。但信耶穌是甚麼意思？

首先，我們說信耶穌，是表明**耶穌值得相信**。祂的自稱是真實可靠的：祂是上帝的兒子，道成肉身。祂是與我們同在的上帝。祂是降臨世間的上帝，向我們彰顯上帝的本性。因此祂的話是絕對真實的。祂的話可信。祂真實，值得信任。我們**相信**祂是神子，因此**信任**祂作我們生命的主，也**遵從**祂的誡命。

其二，我們說信耶穌，是表明**耶穌值得信任**。祂為我們受死，救我們脫離罪惡。祂的作為奇妙偉大，並非我們可理解的。藉著祂的死，我們可以歸向上帝，重返上帝的國度。不但如此，祂從死裏復活，賜我們新生命，就是祂復活的生命。這不是平凡的生命，而是此時此地展開並且超越死亡的永生。我們憑信心相信耶穌的死與復活。換言之，我們**相信**

祂為我們的罪死，賜我們新生，因此我們**信任**祂必赦免我們的罪，賜我們新生，又**跟從**祂的腳步，邁向豐盛的生命。

其三，我們說信耶穌，是表明**耶穌值得跟從**。與耶穌建立關係，就要委身於祂的旨意。耶穌告訴我們：「你們若愛我，就必遵守我的命令。」(約十四15)跟從耶穌不是苦役，恰恰相反，我們跟從耶穌，才可發現人生的豐盛。耶穌引導我們進入真理，曉得愛人，以及經歷生命改變。我們**相信**耶穌就是道路；我們信任耶穌的引導，從而邁向完全；**我們也委身**於耶穌的旨意。這就是「信耶穌」的意思。

要點：相信是歸信的要旨所在。但這不是一般的相信，而是相信耶穌。信祂為我們的罪死，且從死裏復活，賜我們新生。相信歸向祂，我們的罪會得赦免，我們將經歷新生。信耶穌，與信其他事或其他人都不一樣。

• • •

真理：
如何應用？
（15／25／40分鐘）

1. 你對耶穌的信心是怎樣的？你會怎樣與人談論這題目？

2. 信耶穌是甚麼意思？這與信其他人或其他事有何不同？

3. 你會有甚麼話對赫蒂説呢？

4. 你從你的佈道對談學了甚麼功課？請一兩個組員分享。（在這課和下一課，要確保每個組員都分享過他／她從對談伙伴學了甚麼功課。）

5. 這課程還有兩課便完結。開始籌備在最後一課舉行的課後慶祝會。大家分工合作吧。你會邀請你的對談伙伴來這最後一課嗎？

行動 Practice

探討

檢視你對耶穌抱甚麼信念。哪些信念是核心的？哪些信念是次的？這樣的信仰如何影響你的生命？

• • •

行動：

如何實踐？

繼續你的佈道對談，討論這信仰對你生命的影響，特別聚焦於你對耶穌的信心。如果你不曾與耶穌建立關係，你的生命是怎樣的呢？

資源 Resources

為信下定義

讓我們深入探究信的三個方面，看怎樣可以與人談論新約聖經所說的信——既符合新約聖經的，又是尋道的朋友所能明白的。

第一，**信心的認知方面**。最能說明這方面的詞語是**相信**。[1]相信某事，就是認定那事為真確。「我相信太陽每天升起，我的太太很美麗，二加二等於四。」這都是關乎認知的概念。太陽升起是經驗之事。我活著的每一天，太陽都會升起，不管我能否看見。我的太太美不美是審美直觀。在我心中她的存在是美，她的樣貌是美。兩個蘋果加兩個蘋果等於我的袋中有四個蘋果是學習之事。老師教懂我算術，而加減數理已在實際生活中得到驗證。

我們都相信許多事，這沒甚麼大不了。人人都相信許多事。這當中有些是非常真確的；有些卻不過是意見，而不是事實；也有些在心理上來說是真的，在現實卻不然；也有些根本就是錯的，可能是錯誤的資訊、一廂情願的想法、迷信或是愚笨的產物。

信念存於腦海中，關乎我們的心思意念。相信真確之事，對我們非常重要，因為我們的信念，會影響我們如何生活。

第二，**信心的情感方面**。最能說明這方面的詞語是**信任**。信任是深深相信某事，以致那事成了我們生命的一部分。換言之，我們不僅相信某事是真的，更讓這真理塑造我們。譬如我們相信耶穌是我們的主和救主，因此信任祂，把生命交託祂。

信任把我們提升至另一層次。要相信各樣事情不算太難，但要付諸行動，就要把頭腦的信轉化為心底的信。信斷不是事不關己的信念。我們若認定某些關於耶穌的事實為真確，就投靠祂，與祂建立關係。我們的頭腦相信我們藉著祂的死與復活可以得救，我們的心就應信任我們真的可以因此得救。不再是「耶穌是世人的救主」，而是「耶穌是我的救主」。

第三，**信心的行為方面**。最能說明這方面的詞語是**委身**。與耶穌建立關係是一回事，跟從耶穌心意而行是另一回事。有些人相信耶穌是上帝的兒子、世人的救主，也願意與耶穌建立關係，但卻僅止於此。不論他們與耶穌的關係如何，總之這關係只停在他們心中，沒有影響他們的生活。他們可能覺得有所不同，但行為仍是舊日的模樣。

雅各書就此對我們作出了警告。簡言之，針對這些人的問題，雅各說：「信心沒有行為是死的。」雅各的意思是真正的信心必有這第三方面的素質：必帶來生命的改變。其中再明顯不過的例子是我們怎樣愛人。耶穌頒佈的大誡命要我們愛上帝和愛人，就是這麼簡單——卻又是這麼困難。因此，單單宣稱相信且信任耶穌，這並不足夠，我們的生命必須因著這相信與信任而改變。這關乎**順服**耶穌，就是我們已稱為是我們生命之主的那位。這不是說我們必須變得完全，而是因著我們信耶穌，我們的行為有所改變，雖然可能是看似微不足道的改善。

故此，在你的佈道對談中，必須觸及信心的三方面：信念、信任、委身。不是要你抽絲剝繭向對方講解信心的定義，而是要在你朋友想掌握信的意思時，提出這三方面。

註釋

1. 正如之前所指出的（見本書頁 126～128），在英文的新約聖經中，**faith（信心）**是個名詞，**believe（相信）**是個動詞。我在這裏運用 **belief（信念）**一詞，並不是用作「新約聖經所指的信心」的主動詞形（active form），乃是用來指稱這種信心的認知方面，只因這是表達這意思的最恰當英文詞語。

第 11 課
談論委身

生活 Life

故事：

怎樣委身於耶穌？

（5 分鐘）

阿燕（Jan）可以肯定了。她與基督徒朋友交往得夠久了，確信他們真的找到了一些真確的事物。他們所相信的耶穌是活的，也為他們生命帶來明顯的改變。阿燕也想這樣。她要怎樣做？成為耶穌的真門徒，包含甚麼意思？

阿燕向瑪媞（Marti）求教。瑪媞很開心聽到阿燕想跟從耶穌，但不肯定她是否清楚跟從耶穌的意思。「嗯，你相信耶穌，對嗎？」瑪媞問。阿燕的答案很肯定。教會裏其他人所相信的，她全都相信：耶穌是上帝的兒子，來到世間為我們的罪受苦、受死，又從死裏復活——換言之，所有在信經裏的宣稱，她都相信。

「那麼，罪呢？」瑪媞又問。阿燕笑道：「瑪媞啊，你和我甚麼交情了？應該很清楚我向來是多麼的不守規矩了，簡直是一場糊塗！我需要醫治和饒恕嗎？這個當然了！我正是因為這個才會想去認識耶穌啊。如今我差不多已拋棄了我的舊生活方式，開始了耶穌呼召我去過的新生活。前面長路漫漫，但我走的方向對了。」

「好吧，你應該是真的相信了，你已經像其他人一樣是基督的門徒了。」瑪媞總結道。

然而，對於瑪媞的總結，阿燕還是覺得有點不自在。她想到自己的婚姻。她和阿占（Jim）在結婚前已深愛對方，整天形影不離，倆人都覺自己與對方是「一對」，也都忠於對方。可是那天她走在紅地毯上，在親朋戚友前與阿占訂定婚盟之後，她才明白這是個全新的開始。

有沒有方法讓阿燕當眾表明自己委身於耶穌？

這涉及兩個問題。第一，委身於耶穌是甚麼意思？第二，一個人怎樣表明自己的立場？有甚麼儀式或行動可以讓人當眾宣告「如今我跟從耶穌」？要解答這兩個問題，阿燕需要正確的指導。

在佈道對談中，你可如何向伙伴講解委身的過程？基督徒以往常以耶穌站在心門外叩門為喻，或者請對方做個認罪禱告。但我認為應該還有更合用的方法去談論委身（參下面的「真理」環節，頁 146 ～ 149）。

• • •

生活：

如何經歷？

（20／25／40 分鐘）

1. 你如何表明自己委身耶穌？或者說，你如何曉得自己在哪一刻成了耶穌的門徒？

2. 你會對阿燕說甚麼？

3. 「有意識的委身」對一個人的生命有何影響？這行動有何重要？

真理 Truth

概念：

順服耶穌

（5分鐘）

怎樣才能成為耶穌的跟隨者？委身有何步驟？如何順服耶穌？

要成為基督徒或跟隨基督的人，神學上的解答是：

- 你察覺到自己生命裏有一個需要或渴求，惟有上帝可以滿足；又或者你自覺有罪，惟有上帝可以饒恕。（頓悟）
- 你回應，決定離棄罪惡或失敗，投向耶穌。（悔改）
- 向上帝、向自己、向人承認自己的罪惡或失敗。（認罪）
- 歸向耶穌。（憑信心）

但實際要做甚麼呢？

傳統答案是你「做一個認罪禱告」：你認罪，求上帝饒恕，開口表明自己相信耶穌的拯救大能，把生命交託耶穌。

但對後現代的人來說，這都顯得太呆板了，歸向上帝彷似成了一個神奇的咒語，好像跟著做完，自然會有神奇果效。然而，基督信仰在乎關係，不在乎方式。

因此，我們要用描述人際關係的詞語（與耶穌建立關係）

來談論委身，而不僅僅是用描述意識型態的詞語（相信關於耶穌的某些事）。

與人發展一段關係，是怎麼回事？首先，你必須**願意與對方開展關係**。你覺得對方有吸引力；你和他之間有共鳴。（就歸信而言，有另一種說法，就是你察覺到自己生命裏有一個需要或渴求，惟有上帝可以滿足。）你樂意花時間與他共處，有時是正式的，有時是隨心的。（你研讀聖經，認識耶穌，學習祂的道；又與人談論耶穌，一起敬拜耶穌。）

然後你立定志向：這是一段你想維持——到永遠——的關係。（也許是因為需要、渴求、愛、奇迹、企盼的吸引力而進入這段新關係裏。）無論如何，套用婚姻為喻：說出（承認／表示／同意）你的意願（「你願意嫁給我嗎？」），並正式確認這事實（「我以這戒指為憑，與你結婚」），這是重要的。承認那個時刻，莊嚴地宣告委身，都是重要的。（如此慎重的委身，往往是分別「掛名基督徒」與「真正基督徒」的重要記認。前者的生命沒有重大改變，後者的信仰則是生命的核心。）

婚姻的比喻雖然有經文支持，卻未必一定能夠有助伙伴理解——要看那人的感情經歷而定。對很多人來說，歸家的比喻可能更有助於明白與耶穌建立關係是怎麼回事。事實上，浪子回頭的比喻，可能是新約聖經中論到委身於耶穌的最佳說明。（參看資源環節，頁 151。）

論到讓人表明委身於耶穌，教會向來有各樣儀式。有的會在聚會結束前，呼召願意表明自己決志跟從耶穌的人「去到台前」。較著重禮儀的教會會有堅信禮，讓孩提時受過洗禮的年輕人在眾人前表明自己的委身。成人**洗禮**也是一個讓人公開表明自己跟隨基督的儀式。

對大部分人來說，歸信是一個過程，雖然如此，將這過程導向一個完滿的結論是重要的。因此我們需要比喻和儀式，讓人清清楚楚知道自己已經與耶穌建立了關係。

論到委身，我還有一件事要說。很多真心跟從耶穌的人，說不出自己是何時何地成為基督徒的。他們記得自己以前不信耶穌，但如今信了，卻說不出確切的日子和經過。另一些人自小在教會長大，向來相信耶穌。還有一些人一直在各樣大小事件上委身於耶穌，進而成為委身的基督徒。總言之，你怎樣或何時開始跟從耶穌並不重要，你現下是否繼續跟從祂才重要。

要點：歸信必然有結論。一個永無終結的過程，至終必成虛空。因此我們要學習與人談論委身。在這方面，婚姻的比喻或浪子回頭的故事都有用處。一些讓人公開表明委身的儀式也是需要的。如此，我們公開宣告自己決志忠於耶穌，並從此竭力順從祂的旨意。

真理：

如何應用？

（15／25／40 分鐘）

1. 討論一下各種讓人藉以表明委身於耶穌的儀式（去到台前、洗禮、堅信禮、加入教會等）。每種儀式有甚麼利與弊？

2. 我們可以怎樣幫助朋友委身於耶穌？

3. 如果歸信變成一個永無終結的過程，會有甚麼問題？

4. 你從你的佈道對談學了甚麼功課？請總結一下。

5. 課後慶祝會的籌備如何？是時候完工了。

行動 Practice

探討

假設有朋友問你：「我怎樣可以成為跟隨耶穌的人？」如果要你用浪子回頭的故事（參頁 151）向他／她說明，你會怎樣說？

• • •

行動：

如何實踐？

在本週內向你的對談伙伴講述浪子（或女兒）回頭的故事。努力把故事講得動聽。把你個人的故事套進浪子回頭的故事中。留意對方的反應。

資源 Resources

歸家：浪子回頭比喻委身

在路加福音有個精彩的故事，把歸回上帝的家的意思描述得淋漓盡致。這個比喻很能引發我們心底的共鳴，並描述我們如何藉著悔改、憑著信心，向上帝敞開心門。這個故事是耶穌最先講的，因此肯定可以用來描述委身於上帝是怎麼回事。

這個精彩的故事，正是浪子回頭的故事。我們都聽過這故事（載於路十五 11～32）。這故事裏的每一幕，都描述了一種「歸回上帝的家」這個屬靈旅程的主要特點。

就像其他精彩的故事一樣，這個故事的開頭，第一幕就說出一個問題、一個挑戰、一個矛盾。小兒子對家生厭，要分家產，自立門戶。教人不解的是，他父親竟然答允他這無禮的要求。於是他分得一大筆家財。

這豈不像我們自己的故事？我們是一位全智全愛的上帝的愛子，選擇離開家庭，過我們想要的生活，但上帝沒有攔阻我們。祂沒有強迫我們留下。相反，祂賜予我們各樣美好又豐盛的恩賜：健康、力量、技藝、能力、創意及其他。雖然我們選擇了離棄祂的道和祂的國，但是祂知道我們心底已深植了一個真正的家。這一份對真正的家的渴求，是無論如何都揮之不去的。

第二幕，這年輕人沉溺在聖經所說的「任意放蕩」的生活中——酒、色、宴樂之類。他的錢很快花光了，他的豬朋狗友也散了，恰巧又遇上他所寄居的異邦出現了大饑荒。這個浪子（他現在是名副其實的浪子）如今嘗到浪擲生命的苦果了。聖經說他「窮苦起來」——孑然一身，受雇餵豬（須知猶太人是如何嫌厭豬），饑腸轆轆和絕望。

這跟我們的光景有很多相似之處。我們濫用了我們的自由、資產、恩賜，以為追尋愉悅，至終空餘窮苦。以前一切如花似錦，到頭來盡化飛灰。我們傷心、後悔、窮困。浪子的經歷，實在活畫了罪的真相和惡果。

第三幕，浪子「醒悟過來」。他面對自己的實相：落在深淵中，徹徹底底地迷失。然而，他記起了自己的家。他渴求回到他所屬於的地方，雖然這是他自己曾經離棄的地方。他曾聲明放棄兒子的身分。他在想，也許自己可以做父親的雇工，這樣總算攀在昔日生活的邊緣吧。他要向父親認罪，求父親施恩。

這豈不是悔改和信心嗎？悔改始於看清楚我們真正的情況：不容幻想與推搪，不管有多惡劣，只能面對現實。悔改導致決定：選擇回頭的方向，踏上歸家的路，離開那遙遠的異邦。悔改的終點是認罪——向上帝認罪，因為人所犯的一切罪，至終是得罪了上帝。我們需要信心，相信自己會被接納、自己仍然被愛，而且不管我們曾經做了甚麼錯事，仍有一條歸家的路。沒有信心，悔改是不可能的。我們這些浪子，必須離棄罪惡，憑信心投向耶穌。

第四幕是父親迎接浪子歸家——難以想像的一幕！父親遠遠就看見浪子，竟然跑過去迎接他。父親滿心是慈愛與喜樂。浪子說出那想了很久的懺悔之言，父親根本沒法聽進耳。他心中只想著大排筵席，慶賀得回他的兒子。浪子以為自己丟了兒子的名分，沒想到父親仍視他如愛子——是失而復得、死而復活的兒子。

上帝的拯救就是這樣。我們憑悔改與信心投向上帝，就會發覺上帝其實一早等著我們。上帝一直等著我們，以愛與接納等著我們。祂歡迎我們歸家，為我們大肆慶祝。太好了！太奇妙了！

還有最後一幕。記得父親有兩個兒子嗎？大兒子向來待在家中，侍奉父親，辛勤工作，循規蹈矩。他勃然大怒，因為弟弟把一半家財浪擲在妓女與放蕩的生活上，父親如今竟然為他大排筵席！父親提醒大兒子一個長存的事實：父親所有的也都是大兒子的。父親嘗試說服大兒子一起參加慶典。

我們很多人也像大兒子。我們向來守法(大部分律法)，做正確的事(大部分時間)，辛勤工作(大致而言)，努力做個好公民(起碼在人前如是)。但我們不明白甚麼是恩典。

我們嫉妒浪子，也鄙視他和他的行徑。我們規行矩步，卻丟了喜樂。我們也需要回歸。不是歸家，而是歸回家的喜樂、仁愛、生命及精神之中。這一切，我們都或多或少地丟失了。

浪子的故事不僅講給遠離上帝、渴求歸家的人聽，也講給留在家中、卻滿心怨懟的人聽。浪子（尋道者）和大兒子（傳福音的人？）都在這故事中佔一席位。所以說，傳福音不僅是我們和他們如何交往，而是所有人如何向上帝的愛與喜樂敞開心門。

Ⅲ 總而言之

第 12 課：佈道對談

第 12 課
佈道對談

生活 Life

故事：

邁向耶穌的旅程

（5 分鐘）

傑克（Jake）開始他所謂的「另類生活」，此事緣於他的背傷。為了減輕背痛，他開始每週兩次光顧一個按摩治療師。按摩甚有療效，按摩師所建議的健康食品也有療效。傑克在健康食品店結識了莎拉（Sarah）。莎拉邀請傑克參加她的小組，每週聚會一次，討論健康與意識。在小組裏，傑克認識了一大班奉行另類生活方式的人，他們默想，做運動，奉行新的飲食方式，而傑克最感興趣的，是他們以新方式連接靈性層面。

傑克成為一個尋道者。他的週末都花在研討會和退修會之上。他開始參加新紀元音樂家的演奏會，閱讀新意識和古代的靈性修練之道的相關書籍。傑克誠懇、積極投入。他踏上了尋道之旅。

與此同時，莎拉歸信了基督，更開始與傑克談論她的信仰。剛開始時傑克有點遲疑。以往那個引領他踏上靈性之旅的莎拉在哪裏？不過他們愈談論得多，傑克就愈好奇。隨時日過去，莎拉對耶穌的熱情絲毫不減，事實上，一個新的、更有深度的莎拉出現了。她找到耶穌後，似乎也找到了真我。

莎拉並不執於自己的看法。事實上，傑克甚至覺得，莎拉好像以他作為一些新想法的實驗對象，在他們對談時把這些想法給辨明。她不懂得解答所有疑問，有時更顯得無言以對。傑克向她提出真切的疑問，然後莎拉會去認真地尋求答案。他們的對談因此繼續下去。

在莎拉的經驗的核心裏，有著某種非常實在而確鑿的東西，這對她的朋友也是實在而真確的。按莎拉的一貫個性，她又邀請傑克參加她的新小組。對傑克來說，上教會是難以想像的事，但他還是參加了莎拉的查經小組，而且產生興趣，愈來愈有興趣。

隨時日過去，莎拉會對她的信仰認識更多，也曉得與人談論信仰。隨時日過去，傑克會愈來愈投入這個基督徒羣體。隨時日過去，傑克會找到耶穌，而他會認識耶穌對他生命的召命，踏上一個新的屬靈旅程。他也會與人展開佈道對談。

這正是佈道對談的目標：領人尋找耶穌，得新生命。惟願我們的佈道對談，可以成就這個目標。

• • •

生活：

如何經歷？

（20 ／ 25 ／ 40 分鐘）

1. 總結一下你和你朋友在過去幾週的佈道對談經驗。

2. 論到佈道對談，你未來幾個禮拜（以至幾個月）有何目標？

3. 傑克與莎拉的對談經歷，與你的佈道對談經歷有何異同？

Truth

概念：

成功的對談

（5分鐘）

好了，究竟佈道對談是甚麼？

其一，佈道對談不過是一種**對談**，只要兩人彼此認識又彼此尊重，就可以展開。它不是進行一次就能完成的事，而是在一段日子裏斷斷續續進行的事。它有很多方面，觸及各個題目，其中有很多付出與接受。對談雙方都要坦誠——對知與不知的事，對大家的談話動機，對大家的生活體驗。

真正的對談很少是直線進行的，亦即始於某個概念，然後一步步去證明那個概念是真確的。但因為有些重要理念會塑造並引導經驗，所以我們必須談及；儘管如此，現實中的對談通常論及生活與體驗，而非概念與理念。

其二，佈道對談的主題關乎**神聖**這議題。它不是隨心聊天，而是談論人生的意義、現實的本質、上帝的存在。這對談是有焦點的。事實上，叫這對談與別的對談判然有別的，正在於它的**內容**。在佈道對談中，由基督徒引導的討論焦點是耶穌：祂是誰？祂做了甚麼？祂如何領我們歸向上帝？我們如何與耶穌連繫？

要成為好的對談者，就要恪守對談的通則：要溫和，要厚道；要有問有答；要容納不同的觀點；要清楚表達自己的觀點；要坦誠；要知道對談會持續一段時間；你提出的關乎耶穌的論據要有力，卻不帶操控性；你要講故事——講許多的故事：耶穌的、你自己的、上帝的。

要成為好的對談者，你要認真考量你朋友的世界觀和人生經歷。不可蔑視、否定或輕看他們的經驗與觀點。你也要認真考量自己的經驗與知識，不要掩藏，也不要扭曲。緊記使人歸信的不是你，而是聖靈。你的角色，是做個表達清晰、直截了當、有誠信、有見識的對談者。

要成為好的對談者，你必須對基督教信仰具備足夠知識。這正是這個訓練課程的目的：讓你更深入了解福音，學習準確地談論它。

你對待對談伙伴的態度也很重要。如果欠缺愛心與尊重，你們的對談必不長久。你的態度將與你的説話產生抵觸。如果你態度傲慢或動輒指責人，對方必不聽你的話。

你要儘可能帶領你朋友加入你的基督徒羣體。為主作見證，從來不是個人的事。事實上，今日愈來愈多人是在羣體生活中歸信基督的。人們與基督徒接觸，參加他們的活動、對談、團契、敬拜，漸漸開始了解、接受和經驗到福音——建立這羣體的核心信息。最初由兩個朋友開始的佈道對談，如今透過你的信仰羣體逐步擴大，那將是一種全新的體驗。

佈道對談並非指你見證福音，分享上帝拯救的計劃，或一次邀請別人委身耶穌的獨白。佈道對談是一段持續的關係的一部分；是你的生活方式的一部分。它反映你是誰，並你心底最重視的是甚麼。佈道對談應成為你與人日常對談的一部分，是自然而然、清新可喜，反映你與上帝那日新又新的關係，並你對福音日深又深的了解。要作一位見證人，不過是在日常與人交談時坦誠分享而已。若上帝於你來說是深刻真切的，你就會與人談論這真實的事情。學習與人開展佈道對談，不過是學習與人分享這些深切的事實。

歸根結柢，你要把一切結果交託上帝。上帝對你朋友的愛，刻骨銘心而獨一無二！上帝曾經怎樣溫柔地催促你踏上屬靈旅程，也必同樣溫柔地催促你的朋友踏上屬靈旅程。你的角色，是成為別人的朋友，與人分享你對上帝的認識和體驗。這是很重要而不可或缺的角色。願上帝賜福你，使你做個好對談者。

要點：成功的佈道對談，須有良好的對談技巧，兼備環繞福音信息的內容。成功的對談，必須以愛心與尊重將人結連，使對談可以繼續下去。佈道對談的內容以耶穌為焦點，講述耶穌的各個方面。我們的目標，是成為勝任和有見識的對談者，並且信任上帝必在我們和我們朋友的生命中動工。

• • •

真理：

如何應用？

（15／25／40 分鐘）

1. 按你的體驗，成功的對談有何要訣？

2. 總括而言，你覺得佈道對談是甚麼？

3. 你的小組研習到此為止，請以禱告和慶祝作結。自始至今你的小組經驗如何？哪次最令你鼓舞？哪次最令你沮喪？大家在未來日子有甚麼打算？舉行慶祝會吧。

Practice

探討

請與教會內外的朋友談論你在這課程裏的體驗。

• • •

行動：

如何實踐？

說到底，佈道對談有如一種對談的態度，就是願意在日常交談中與人坦誠分享信仰，老老實實說出對上帝的體驗。在未來的日子，自覺地嘗試成為這樣的對談者吧！

主要概念摘要

1. 屬靈旅程（Spiritual Pilgrimagc）

傳福音的任務，是幫助人走到屬靈旅程中的一個特別位置——在這個位置上，他們可以聽見作耶穌門徒的呼召。然而，人們通常必須先努力解決各種問題與質疑，才可以走到這一步。我們的職分，就是陪伴他們走這趟信心之旅，同時也分享我們所走的信心旅程。

2. 上帝同在的故事（Stories of the Presence of God）

要與人開展佈道對談，就要學習向人講述自己經歷上帝的故事。要追想過去經驗了上帝「又真又活」的大大小小事件。要學習怎樣把這些事件化為動聽的故事，融入我們的日常對談中。

3. 好消息（Good News）

佈道對談的主題是福音，因此充分明瞭福音的內容，不需用神學詞語也可談論福音，是非常重要的。福音的核心是耶穌。我們要學習去談論祂。耶穌受死，為解決罪的問題。

我們回應耶穌，是藉著悔改與相信。結果是委身於耶穌。

4.　耶穌（Jesus）

福音的主角是耶穌，祂是我們信息的核心。耶穌**就是**那信息。耶穌是世人歸信的對象。我們要學習按福音書的記載去述說耶穌的故事。換言之，我們要重溫那些熟悉的故事，仔細研讀，嘗試向朋友解說，期望他們會產生興趣，主動去讀那些故事。

5.　需要（Need）

要人談論自己的過錯與失敗是困難的，談論自己的盼望與夢想則容易得多。我們的渴求源於上帝，也把我們導向上帝。所以我們要敏銳於別人和自己的渴求；要學習說出這些渴求，知道這些渴求如何根植並成就於上帝裏。而這一切將始於我們先向人分享自己的需要和渴求。

6.　罪（Sin）

要談論福音，就要談論罪。不過罪這個字被人誤解太深了，我們必須用別的詞語去闡述罪的真義。但其實要明白罪的概念不會太難——難是難在要我們明白自己是罪人，需要被饒恕。幫助別人得到這頓悟的最好辦法，是向人坦白分享自己的罪過，自己也需要恩典，然後祈求聖靈叫人知罪。

7. 悔改（Repentance）

歸信的第一步，就是洞察自己與上帝的關係，又或是看清楚自己與上帝根本沒有關係可言。但僅僅知道是不夠的，我們還需要行動。我們必須悔改，就是決定不再遠離上帝的道路，好好跟從耶穌。通常人覺得自己需要悔改，是因為聽了別人講述他們如何醒悟過來，決定過新生活。這再次說明，坦誠相待是佈道對談的鑰匙。

8. 認罪（Confession）

認罪是悔改的重要部分，不然，悔改不過是頭腦上的事。聖靈賜我們力量向上帝和人承認過錯，並求上帝赦罪、賜新生。看到別人願意敞開心門，承認他們的問題，這樣的經驗給我們效法的自由和力量。在佈道對談中，我們都需要坦白且誠實。

9. 相信（Believing）

談論信，是佈道對談的重要部分。我們必須明白，新約聖經所說的信心（知識、信任、委身），與世人所理解的信心（並非總是與事實相符的不確定信念），是不同的兩回事。信耶穌是涉及全人的，包括我們的意念、心思及順從。

10. 信耶穌（Believing in Jesus）

相信是歸信的要旨所在，但這不是一般的相信，而是相信耶穌。信祂為我們的罪死，且從死裏復活，賜我們新生。相信歸向祂，我們的罪會得赦免，我們將經歷新生。信耶穌，與信其他事或其他人都不一樣。

11. 委身（Commitment）

歸信必然有結論。一個永無終結的過程，至終必成虛空。因此我們要學習與人談論委身。在這方面，婚姻的比喻或浪子回頭的故事都有用處。一些讓人公開表明委身的儀式也是需要的。如此，我們公開宣告自己決志忠於耶穌，並從此竭力順從祂的旨意。

12. 佈道對談（Holy Conversation）

成功的佈道對談，須有良好的對談技巧，兼備環繞福音信息的內容。成功的對談，必須以愛心與尊重將人結連，使對談可以繼續下去。佈道對談的內容以耶穌為焦點，講述耶穌的各個方面。我們的目標，是成為勝任和有見識的對談者，並且信任上帝必在我們和我們朋友的生命中動工。

小組組長備忘

帶小組不是難事。你的主要任務是藉著問問題去引發討論，不徐不疾地帶領組員查考課程內容，並且準時結束每一課。以下是一些簡明建議，或許可以幫助你輕易帶組。

小組組長的工作

預備課程

1. 為小組營造**舒適的環境**。

- 把椅子圍成圓圈，使所有人看得見所有人(你必須看到人家的臉，才可以好好與對方討論)。
- 儘可能把滋擾減少——把狗關在客廳外，把電話鈴聲關掉，要求眾人把手機關掉，找人照管小孩子。
- 為組員預備課程材料(書或其他會用得上的東西)。
- 預備茶點或飯食(或確定有人負責帶食物)。

2. 早作準備，仔細**閱讀每一課的內容**。

- 細讀每課的「生活」及「真理」環節，好好掌握課文信息，明白這些信息為何會被提出，以及這些信息如何幫助小組討論。

- 細讀每條問題，想想你會如何回答。猜想組員會如何回答，你又可以怎樣鼓勵他們回答。
- 緊記每個環節的限定時間，想想如果你不夠時間討論，會刪減哪些問題。

帶領討論

1. 開始

- 歡迎眾人。
- 做一個簡短的禱告，求上帝帶領討論。

2. 生活

- 讀「故事」環節；可以有幾個不同的讀法，參看「如何使用《佈道日常：小組研習 12 課》小組材料？」(頁 19)。確保組員掌握這環節的信息。
- 然後到第一個討論環節：「生活：如何經歷？」第一條問題一般是為建立關係的，要求組員分享心聲。組長的工作不單單是問這條問題，更要以身作則，帶頭回答這條問題。
- 鼓勵每個組員輪流回答。
- 然後問第二條問題。這是自由討論題，毋須各人輪流回答。

- 如果還有時間，可問第三條問題。
- 確保準時結束這個環節，然後進到下個環節。

3. 真理

- 確保組員明白「概念」環節的信息。
- 請一位組員大聲唸出「要點」，就是重點信息摘要。
- 做「真理：如何應用？」的練習或問題。
- 討論組員從他們的對談伙伴學到了甚麼。
- 準時結束這個環節。

4. 結論

- 帶領大家按照「探討」和「資源」的指示去思想本課的信息。
- 鼓勵大家與對談伙伴保持聯絡。
- 以禱告結束。

常見問題

1. 第一條問題目的何在？

第一條問題是為建立關係，要求各人分享自己的一點私事。這是為了建立互信（知道了對方的故事，就有機會生出好感），也透過真實的人生經歷確立這課的主題。通常而言，大家的答案都是一些可以重複引用的故事。

2. 為何小組組長必須帶頭回答第一條問題？

是為示範回答這建立關係的問題。你做了兩件事：其一，你示範了答案的長度。譬如説，若你的發言為五分鐘，就是容讓組員也可以至少講五分鐘。如此你一定不夠時間完成課程的所有材料，因為第一條問題已佔去太多時間。因此儘可能用一分鐘或更少時間回答。其二，你示範了坦白又誠懇地回答的程度，能鼓勵組員效法你的榜樣。

3. 有些題目分為幾部分，我是否應該分開來問，讓組員分開來回答？

不，你應該一次過問完整條問題。問題雖然分為幾部分，但都是環繞同一個主題。不同的人自然會對問題的不同部分作出回應。

4. 是否每一課都要預備茶點或飯食？

不，開小組不一定要餵飽人。不過，吃飯可以招聚人，尤其是陌生人。你可以預備簡單的茶點，甚至只供應飲料。各人若能每週一次在小組聚會前帶備食物一起聚餐，會是很愉快的經驗。無論如何，小組組長毋須每次都預備飲食，這責任可以由大家分擔。若有組員喜歡預備飲食，由他來負責就更好了。

5. 為何非按指示的時限完成課程不可？如果碰上一條問題是大家興致勃勃的，何不繼續下去？

首先，你要知道根本不可能有足夠的討論時間。這是小組康健的特徵。所以必須好好運用時間，別太介懷時間夠不夠。其次，有些問題較易引領人發言，尤其那些分享自己故事的問題。人人都愛講故事，也愛聽故事，但故事可以講得太長，佔去太多時間。其三，每課都包含故事與概念，人很容易側重故事而忽略概念。但我們必須整全地討論福音，這是學習做個好的對談者的要訣。因此，要確保你儘量問所有的問題。

佈道對談——失落了的作見證藝術

（原文初載於 *Word & World* 22, no. 3〔2002〕: 255～263，承蒙允許使用。）

踏入二十一世紀，靈性是我們這個社會大感興趣的課題，人人都在熱烈談論上帝、生命本質、人生意義、靈性操練，以及一個向自然及超自然生命同時開放的人是怎樣的一回事。

我的朋友巴利．泰勒（Barry Taylor）既是傳道人也是專業樂師，他告訴我他去看電影《第三奇迹》（*The Third Miracle*，1999 年）試映場的經歷。這影片的導演是天才橫溢的波蘭製片人安格尼茲卡．賀蘭（Agnieszka Holland），而巴利則是影片的音樂總監，還寫了幾首電影裏使用的歌。這是試映場，目的是以一些現場觀眾去測試大眾的反應。影片結束後，電影監製想收集觀眾對影片的反應，可是觀眾只有興趣談論上帝。電影公司的人出盡法寶，卻只聽到觀眾熱烈談論靈性的課題，雖然觀眾大部分都不是基督徒。

饒有意思的是，人們有興趣談論上帝，卻未必有興趣邀請教會參與這談論。驟眼看來，我們這些基督教會的活躍分子，理應是談論上帝的最佳人選。畢竟我們委身宗教事務已久，因此對靈性課題可能有所貢獻。問題是，我們這些委身的基督徒，反而備受懷疑。這有兩個原因。第一，我們與基督教會掛鉤，就是與有組織（organized）的宗教扯上關係，而靈性大受世人歡迎，宗教卻恰恰相反。很多人覺得宗教制度會打壓並限制靈性探索，因它們以某些教義為真確（其他皆為錯誤），並推許某些生活方式（個人自由因此受限）。第二，宗教人士的對談都是有目的的。我們的目的是想聽者歸信基督。我們的想法與動機可能是好的，卻意圖操控人家（或聽者覺得是這樣）。誰會喜歡與這樣的人談話呢？

對有心在當前文化氣候中想與人對談，又想忠於基督教要理，和我們在基督信仰裏的經歷的基督徒來說，這是一個挑戰。如何在這個懷疑真理、怯於委身（因為好像會限制了個人自由）、抗拒制度（因為教會似乎只圖私利）的後現代氛圍中，以坦誠、準確、真摯的方式與人談論信仰？話又說回頭，後現代也有其另外的一面。後現代的人對可以經驗到的真理，可以活出真理的羣體，真真實實的靈性經驗，都是大感興趣，以至積極追尋的。所以擺在我們面前的挑戰，是學習如何與人交談，在忠於基督教信仰的同時，觸及世人的渴求，而不會給人威迫的感覺。

受託

在一世紀，基督徒與他們羣體裏的人分享對耶穌的信仰。所謂「作見證」，就是與人談論耶穌。在希臘文裏，**見證**一詞是個法律用語，意思是表明事實或確立真理。路加福音二十四章48節記載，耶穌差遣祂的門徒出去為祂作見證，表明「耶穌是彌賽亞，一切聖經預言都應驗在祂身上；還有祂必受苦，受死，從死裏復活，並且人要奉祂的名傳悔改、赦罪的道，從耶路撒冷起直傳到萬邦」。[1] 在希臘文裏，**見證**這詞的字根是 *martyreō*，英文 martyr（意即殉道）就是源於此字根，而從歷史來看，要表明這樣的真理觀，確實是危險的事。

歌羅西書四章5至6節是另一個作見證的呼召：「你們要愛惜光陰，用智慧與外人交往。你們的言語要常常帶著和氣，好像用鹽調和，就可知道該怎樣回答各人。」這是歌羅西書最後一個勸誡，顯示保羅和提摩太十分重視這個基督徒羣體有否與非基督徒鄰舍保持對話。勸誡中特別提到他們當用「智慧」與外人交往。[2] 他們要把握時機去傳揚福音（這個勸誡極具保羅有關末世的吩咐的色彩：基督再來的日子近了，他們必須「愛惜光陰」）。6節是「設想教會與外界保持對話，而不是孤芳自賞，『神聖不可侵犯』，嘴邊掛著自家人才懂的『錫安話』……他們積極與外人保持對話，進而衍生許多機會去見證自己的信仰」。[3] 這些對話既溫和又有趣，叫人「喜悅和著迷」，精彩百出，而非索然無味。基督徒理應裝備自己，有智慧地解答別人對信仰的疑問。

鄧雅各（James Dunn）給6節的註釋，最能道出保羅和提摩太心中對教會的設想：

基督徒對信仰或教會以外的事物感到漠不關心，因此不作「無聊的交談」，也沒有能力與人開展有趣的對話，這樣的畫面是我們難以想像的。與此相反，我們想像基督徒是把握時機與非基督徒積極交往，對談的內容與方式，都是對方有共鳴的。換言之，這些對談斷不會被視為是「搞砸了」的，而是可以向對方反映基督性情吸引之處的對談。保羅勸誡的目的，是期待基督徒能夠融洽地與外界社羣交往，彼此的交談可以自然而不造作，也不會招惹外人懼怕或威嚇，對鄰舍敞開心門，坦誠相交⋯⋯有了這樣的對談，就能經常地、自然地製造機會為主作更具體的見證——毋須硬生生地把見證附在一段「世俗的」對談之上，也毋須用一套特殊的語言，或特殊的語氣。這樣的對談，就是雙方交流意見的一部分⋯⋯可以留意到基督徒的信仰理應與他們的生活作息緊扣相關。基督徒的信仰充實全備，其特質足以叫對談伙伴欽羨，亦令見證信仰成為對談的一部分。[4]

這是我們今日的挑戰：在一個對靈性大感興趣的文化氛圍中，成為上述的對談者。可惜事與願違，現實中的我們不像保羅和提摩太所想象般有智慧、投入、有趣味、有魅力。

其中一個原因，是因為我們對如何向非信徒表達我們的信仰考究得不多，對聆聽別人探索靈性的事也了解得不夠。結果，當我們正式涉足這些領域時，我們與對方的交談常常都顯得不清不楚，滿口神學詞語，徒令對談伙伴莫名其妙與困惑。因此，我們得裝備自己成為有能力、有魅力的對談者。教會則需要有意識地去裝備信徒，為耶穌基督作見證。

作見證

在今日的北美社會，作見證的人極少會受到苦待——我們頂多是被冷待、被孤立、被譏為宗教狂熱分子而已。是哪裏出錯了？作見證怎會蒙上如此惡名？

部分原因，與我們自二次大戰以來對「作見證」的觀念有關。作見證似乎已經簡化為三大部分：個人見證，拯救計劃，呼召委身。**個人見證**是某某人的歸信故事，這故事有個大致固定的格式：開始時是某某人信主前的生命（有時描述較駭人聽聞的細節），然後是兩個大發現：就是某某人是個離棄上帝的罪人，以及耶穌是歸向上帝的道路（通常以慷慨激昂的腔調宣告）。結論是某某人決定認罪悔改，憑信心接受耶穌為主及救主。有趣的是，這個格式的歸信故事往往參照了使徒保羅往大馬士革路上的突然歸信經歷（發生於某一時刻的事件），但大多數委身的基督徒的歸信卻是緩慢又需時的（是一個過程而非一個事件）。[5] 這樣的個人見證的目的，是要描述該基督徒歸信後生命經歷了甚麼奇妙改變，從而引起聽者的興趣。

拯救計劃（時下流傳的說法有好幾套）闡述人如何可以、為何需要尋找耶穌，找到了又怎樣回應。「拯救」已經被簡化為「接受耶穌為主及救主」。聽者藉「認罪禱告」接受耶穌，其中的用語幾乎像訂立一份合約：若我相信耶穌為我的罪死在十字架上，若我求耶穌赦免我的罪、拯救我，我就可以得到永生。

講完個人見證，闡明拯救計劃，作見證者就會在最後邀請聽者「現在決志信耶穌」。這樣的**呼召委身**，是假設了你的聽者此時此刻在他／她的屬靈旅程上可以作出這樣的委身。為了加強效果，作見證者會以嚴峻的措辭問聽者這樣的問題：「如果你今天晚上就要死了，你有沒有把握可以上天堂？」[6] 有時問題的重心會移到當下：「你要知道，這個可能是你最後一個決志信耶穌的機會！」有時又會發出類似巴斯噶（Pascal）的打賭挑戰：「你有何損失呢？如果你信耶穌，你就可以白白得到永生！」

針對上述的作見證方式，有必要提出一些批評。從好處看，的確有很多人是因為上述的作見證方式而歸信，以至成為活躍基督徒的。這種傳福音方法可以領人歸主，帶來生命改變，使教會增長。雖然這方法略嫌公式化，但至少可以為基督徒提供作見證的話題和切入點，使他們明白福音。此外，這方法跟一些基督徒只勉強參與的沉悶對話（就是流於陳腔濫調、隔靴搔癢及只強調和諧氣氛的對話）大相逕庭。

然而從壞處看，上述作見證的方式很多時根本是獨白，而不是對談。其中少有予人提問的機會。事實上，一些訓練課程甚至不鼓勵聽者回應提問，或他們會提供「常見問題」的簡短答案。這些答案無非為了盡快把事情解決掉，好讓聽者可以盡快回答那惟一重要的問題：你願意決志信耶穌嗎？事實上，這些粗淺的「答案」很少觸及真正深入的問題。再者，這些傳福音方式總是有點矯揉造作，因為課程要求學員背誦一些預先寫好的對白。很多這類對白都包含了許多神學詞語；除非聽者在教會長大，否則是聽不懂的。結果聽者對福音只是一知半解（甚至完全誤解）。如果你所知的是已被扭曲了的，試問你還能怎樣作出回應？而這回應的挑戰假設你是有能力回應的，雖然大多數人在認識耶穌和祂對他們生命的呼召之前，必須先面對許多掙扎，才能看到福音對他們有何意義。

不過，傳統作見證方式的最大問題還不是上述的，而是它今天已變得適得其反。在今日這個文化氛圍中，人根本聽不進陳規的對談，而上述的作見證方式已落入老套中。訓練跟隨者以這種方式作見證的教會機構甚為成功，換言之，幾乎人人都聽過上述的拯救計劃。它已是舊消息了。

此外，上述的作見證方式很重視講解，但在今日這個後現代世界裏，人人都不信任「宏大敘事」和「絕對真理」，也不會被精心編排的表達方式所説服。真正能夠説服人的見證，是活生生的靈性生命經驗，這生命屬於一個愛的羣體，而這羣體傳頌著這故事。示範必先於講解。

對談

論到對談的本質，傑夫．布勞頓(Geoff Broughton)的研究總結真正的對談包含四個特質：雙向、互動、開放、尊重。[7] 這四個特質，也許可以提示我們去尋找與人分享信仰的新方法。若作見證的特徵是包含對談(相對於獨白)的每一方的相互關係的話，作見證會是怎樣的？如果我們容讓對談雙方自由表達想法與經驗，情況又會怎樣？如果我們重視坦誠溝通，鼓勵大家分享各樣的洞見與經歷(不管是正面的或負面的)，而不限於宣傳一方的立場，作見證看來又會如何？如果我們非常尊重每個人獨一無二的、神所賜的生命與經驗，又可能是怎樣的呢？

我所倡議的是一個需冒更大風險的作見證方式，它不僅是向一個沒有戒心的陌生人送上一個拯救計劃，更需要全心信靠聖靈的動工。過往我們看起來近乎不大信任聖靈。我們想方設法、精心計算如何導引世人進天國去，口頭上卻説著惟獨是聖靈叫世人知罪。我所建議的方法，必須全然信靠聖靈動工，因為作見證者的角色，就如字義的原意：擺出事實，表明真理，以作見證。我們要做的，是以**福音故事**為背景，講述我們的故事，然後靜觀聖靈如何動工。

範式

以下是我倡議的方法，讓我們與那些探討靈性事物的人成為真正的對談伙伴。

第一，我們需要一個**範式**（paradigm），指導我們如何與人談論靈性事物，並在保留真我的同時，可以真心接納別人的獨特性。我會倡議使用**屬靈旅程**的概念，這可為我們帶來所需的視角。這個視角的核心包含以下幾點說明：

- 所有人都在屬靈旅程上，沒有人是例外，因為這是上帝的設計。我們受造同時活在自然世界與屬靈世界中。因此，人人都有自己的故事。
- 人人都身處屬靈旅程的不同階段。各人都為自己的難處和問題掙扎。各人都需要被提醒去面對和超越自己的問題，才可得到新的委身方向。
- 有些人花較多時間思考屬靈旅程的事，可能有一些洞見有助於開展新的天路歷程。分享我們的掙扎與發現可以成為別人旅程中的幫助。[8]
- 委身的基督徒必須珍視自己的獨有經歷，毋須為取悅眾人而去追尋普遍一致的屬靈經歷。他們要忠於自己，對自己坦誠、溫柔、求真、熱切，對於別人也是如此。基督信仰的真理通常是先經驗、後認知的。

- 活躍的基督徒不僅是交談的老手，他們也同樣要面對自己的問題。屬靈旅程在今生是走不完的，沒有人敢說自己的屬靈生命盡善盡美。有經驗的天路客旅，總是在面對別人——那些對上帝有著截然不同經驗的人——提出的問題中成長。
- 探究屬靈旅程各種疑問的最佳環境是在羣體中。集體智慧總強於一人之見，不管那人有多成熟。

第二個問題關乎對談的**內容**。針對前面所倡議的對談，我們的問題是我們大多數人根本不曉得如何開展對談。我們知道自己信甚麼（大致而言），與教會裏那些有著同樣信仰的人談論信仰也沒有問題，我們可以用一套大家明白的詞語來溝通。我們用一些神學詞語彼此交流，雖然未必全然了解這些詞語的精確意思，但總會大致明白這些詞語代表甚麼。可是，如果要將同樣的對談移師至辦公室，我們就會不知所措了。我們會發現很難把教會中的神學詞語翻譯成同事能夠明白的詞語。換言之，我們需要一套新的信仰詞彙，以世人能明白的日常用語去闡釋聖經詞語的要義。但是問題來了：我們自己往往不肯定是甚麼構成福音的信息。我們除了

「委身於耶穌」，就沒有甚麼好說的了。既然當為基督作見證的人對自己的信仰也是如此含糊，難以與人開展有深度的對談。

我猜想正因這個緣故，我們才會用簡化了的方程式去傳福音。起碼我們可以背誦起來，好讓自己有話可說。但如果聽者要求多一點說明，我們就應付不來了，更遑論闡釋那些方程式的內容了。

教會當然有責任訓練會友談論宗教信仰。對主流教會而言，就是要討論基督教的信仰要義。我們每個禮拜都誦唸的《使徒信經》，究竟是甚麼意思？我們聲稱耶穌「因著聖靈成孕」或「第三天從死裏復活」，到底是說甚麼？對參與討論的人來說，這樣充實的對談的確有助於建立靈命。對保守教會而言，就是要超越一些諸如「上帝愛我們，為我們的生命有一個奇妙的計劃」或「我們背叛了上帝，主動地、被動地違背了祂。我們的罪使我們與上帝隔絕，並斷絕了彼此的關係」這樣的斷言。[9] 我們要學習用適切的詞語與人談論耶穌。我們也需要懂得如何與人討論人類的處境、委身的本質，以及屬靈生命的動力。

第三個問題關乎對談的**處境**。按我經驗，最佳的對談環境當屬小組。所謂小組，是幾個基督徒，加上幾個尋道者，一同坐在客廳中，談論大家的屬靈旅程。如果小組具備對談的特質（雙向、互動、開放、尊重），組員的交往將必充實而深刻。在這樣的處境中，作見證不是單單一個人的事，而是由整個小組的氣氛所影響。各樣東西都可以引發小組討論，譬如描寫人生景況的最新電影的片段，或研讀聖經中有關上帝的智慧的經文。日子有功，小組成員彼此之間，以及他們各人跟上帝之間，都會建立一份深厚的信任與開放。在這樣的處境中，耶穌的生命力將更實在、更易於被感受到。

歸信

上述對談的結果是甚麼？豈不是歸信嗎？豈不是對談雙方都有轉變嗎？

歸信關乎轉變，是我們因為覺得不足、不行、錯誤或邪惡，而摒棄某套概念、行為、態度等。取而代之的是一個新的、更好、更充實、更豐富的現實。歸信耶穌就是離棄罪惡（悔改），投向耶穌（憑信心）。不過歸信並非一次過的轉變。按基督徒的經驗，歸信耶穌不過是基督徒生命中的第一次轉變（雖然是關鍵的一次）。在我們務求更像基督的形象時，這成聖的過程中，包含無數次的轉變。推動我們起初接受耶穌的動力，也是推動我們不斷在基督裏成長的動力（悔改與信心）。

歸信的**不僅**是對談伙伴，而是對談雙方。正因為這緣故，佈道對談是饒有意義的事。對談雙方沒有一方是強勢主導者，有的只是兩個或更多人在尋求成長與轉變（歸信）。

擴張主義的佈道方式，很多早已停止不用了，取而代之的，是一同向上帝的實在、權能及轉化持開放的心，人人平等。

乍看之下，歸信（conversion）和對談（conversation）好像風馬牛不相及。除了英文發音相似以外，兩字似乎沒有甚麼關聯。[10] 但其實二者大有關連。藉著對談，我們有機會歸信；藉著歸信，我們在一個愈發廣大的平台上開展新對談。也許，事情本來就應該如此。[11]

註釋

1. Michael Green, *Evangelism in the Early Church*（Grand Rapids, MI: Eerdmans, 1970）, 71.
2. 保羅勸歌羅西信徒「行事為人須有智慧」，這可說是全書的其中一個重點（參西一 9～10、28，二 3、6～7、23，三 16）。也參 James D. G. Dunn, *The Epistle to the Colossians and to Philemon*（Grand Rapids, MI: Eerdmans, 1996）, 265。
3. Dunn, *Epistle to the Colossians*, 266.
4. Dunn, *Epistle to the Colossians*, 267～268.
5. 參 Richard Peace, *Conversion in the New Testament*（Grand Rapids, MI: Eerdmans, 1999）, 286。
6. 參 D. James Kennedy, *Evangelism Explosion*（Wheaton, IL: Tyndale House, 1970）, 22。
7. Geoff Broughton, *Authentic Dialogue: Toward a Practical Theology of Conversation*（Th.M. thesis., Fuller Theological Seminary, 1998）, 86.

8. 「信仰的活力，也就是宗教在我們今天日常生活裏的活力與動力，很在乎我們彼此所分享的故事，就是我們面對面遇見道成肉身的上帝的故事。」（Catherine M. Wallace, "Storytelling, Doctrine, and Spiritual Formation," *Anglican Theological Review* 81 [1999]: 49.）

9. 第一段引述來自白立德（Bill Bright）的「四個屬靈的原則」，由學園傳道會（Campus Crusade for Christ）發揚光大。第二段引述來自「福音橋」，由基督教導航會（Navigators）發揚光大。「福音橋」詳述見 Mark Mittelberg and Bill Hybels, *Becoming a Contagious Christian*（Grand Rapids, MI: Zondervan, 1994）, 157。

10. 事實上，conversation（對談）和 conversion（歸信）這兩個英文生字，其字源的關連，可以從 converse（具談話和扭轉的意思）這一動詞的歷史中得窺一二。這詞的拉丁文 *conversari*，其意思是「因某事轉身，與某人對談」；而形容詞（*converse*）是直接從 *convertere* 而來；conversus 的意思是歸信（conversion）。因此一個人的生命回轉（就是歸信的意思）並非只是一般表面的回轉與人對談。參 Joseph T. Shipley, *Dictionary of Word Origins*（New York, NY: Philosophical Library, 1945）, 95。感謝我的一個學生 Geoff Broughton，是他在碩士論文中（*Authentic Dialogue*, 5）指出了這關連。

11. 我推薦兩本立場迥異的書，分別都對基督徒作見證有詳細的討論，Rick Richardson 的 *Evangelism Outside the Box*（Downers Grove, IL: InterVarsity Press, 2000）是從一個校牧的角度去寫，作者對後現代人的思維了解甚深。另一本則是 Joyce Neville 的 *How to Share Your Faith Without Being Offensive*（New York, NY: Seabury, 1979）探討聖公會信徒如何與人談論信仰。

教會事工系列 伴你作多方面裝備，服事教會！

心靈關顧——修正基督徒的培育和輔導觀念
Care of Souls: Revisioning Christian Nurture and Counsel
貝內爾 (David G. Benner) 著／尹妙珍 譯／HK$88

宣講之道
孫寶玲 著／HK$98

此時此道
孫寶玲 著／HK$88

宣講中的聖經——生命更新的信仰記號
The Sign Language of Faith: Opportunities for Preaching Today
戴歌德 (Gerd Theissen) 著／許子韻 譯／HK$83

不可或缺的教會——重獲流失的一代
Essential Church?: Reclaiming a Generation of Dropouts
湯姆·雷爾 (Thom S. Rainer)、薩姆·雷爾 (Sam S. Rainer III) 著／
陳永財 譯／HK$88

信主之後 (附研讀指引)
梁家麟 著／HK$98

事奉生命的建立——認識事奉的態度、原則與恩賜
郭鴻標 著／HK$78

屬靈品格的建立——認識屬靈的操練、品格與價值觀
郭鴻標 著／HK$68

門徒生命的陶造——認識作門徒的呼召、代價與成長
郭鴻標 著／HK$68

創意無界限——百變聖經教室

霍張佩斯 著／HK$98

跳！跳！跳！動物嘉年華！

陳芝瑛 著／HK$68

彩虹錦囊——培育積極喜樂的孩子

邱陳潔雯 著／HK$83

聖經人物嘉年華——幼兒導師手記

陳芝瑛 著／HK$88

101 間香港教會經驗分析

葉松茂 著／HK$128

時間：歷久常新——教會年曆與靈命塑造
Ancient-Future Time: Forming Spirituality Through the Christian Year

韋柏（Robert E. Webber）著／陳永財 譯／HK$128

崇拜：歷久常新
Ancient-Future Worship: Proclaiming and Enacting God's Narrative

韋柏（Robert E. Webber）著／陳永財 譯／HK$98

崇拜與聖樂——理論與實踐全方位透視

陳康 著／HK$128

人際衝突與靈命塑造

陳校慈 著／HK$78

創意處理衝突
Managing Conflict Creatively

唐納德 C. 帕爾默（Donald C. Palmer）著／何敏璇、石彩燕 譯／HK$78

真誠的關係——發掘失落了的互為肢體之道
Authenic Relationships: Discover the Lost Art of "One Anothering"

韋恩．雅各布森（Wayne Jacobsen）、克萊．雅各布森（Clay Jacobsen）著／
陳永財 譯／HK$78

緊扣時代 服事教會

以文字傳揚基督真道

讀者意見表

衷心多謝你購買本社書籍。本社一直致力以出版事工服事教會，幫助信徒扎根於神的話語，促進靈命增長。為使我們的出版更能滿足你的需要，請填寫下列各項資料，並寄回或傳真予本社。

所購書籍：＿＿＿＿＿＿＿＿＿＿

本書最吸引你的地方：

□作者 □適切性 □文筆 □設計 □實用性

□其他：＿＿＿＿＿＿＿＿＿＿

購買本書地點：

□基道書樓 □基督教書店 □非基督教書店

性別：□男 □女 職業：＿＿＿＿＿＿

信仰：□基督徒 □非基督徒

年齡：□ 16 歲或以下 □17～25歲 □26～35歲
□ 36～55 歲 □ 56 歲或以上

學歷：□中三或以下 □中五 □預科
□大學 □研究院

□我欲更多了解基道出版社的事工及考慮支持，請寄給我下列資料：

□機構簡介 □新書資料 □基道會員通訊

□《基道文字事工通訊》

姓名：＿＿＿＿＿＿＿＿＿＿電話：＿＿＿＿＿＿

地址：＿＿＿＿＿＿＿＿＿＿

傳真：＿＿＿＿＿＿ 電子郵件：＿＿＿＿＿＿

其他意見：＿＿＿＿＿＿＿＿＿＿

多謝賜教！

基道出版社

意見表可以傳真（2687-0281）或直接郵寄以下地址：
香港沙田火炭坳背灣街26號富騰工業中心1011室
基道出版社編輯部收